TRADING PARA NOVATOS

Domina las bases del trading en forex, criptomonedas y bolsa con estrategias probadas y sencillas

ACADEMIA DE TRADING NOVATOS

Copyright

Descargo de Responsabilidad

Trading para Novatos se publica con fines exclusivamente educativos e informativos. El contenido de este libro no constituye asesoramiento financiero, legal, fiscal, ni de inversión. Las estrategias, técnicas y conceptos presentados están basados en investigaciones y experiencias del autor en el campo del trading y los mercados financieros, pero no garantizan rendimientos ni resultados específicos.

Cualquier decisión de inversión que el lector decida tomar es bajo su propia responsabilidad y riesgo. Los mercados financieros, incluidas las operaciones con divisas, acciones, criptomonedas y otros instrumentos, implican riesgos significativos, y pueden no ser adecuados para todos los inversores. La pérdida de capital es posible, y no se debe invertir dinero que no se pueda permitir perder.

El autor y los editores de este libro no se hacen responsables por:

- Pérdidas financieras resultantes de la aplicación de estrategias discutidas en este libro.

- Cualquier decisión de inversión basada en el contenido aquí expuesto.

- Errores, omisiones o interpretaciones incorrectas del contenido.

- Cambios en las condiciones del mercado, regulaciones financieras o cualquier otro factor que pueda afectar las estrategias de trading.

Se recomienda encarecidamente que los lectores consulten a profesionales calificados, como asesores financieros, contables o abogados, antes de realizar cualquier inversión o acción basada en la información presentada en este libro.

El autor y los editores han hecho todos los esfuerzos razonables para garantizar la precisión de la información en este libro al momento de su publicación. Sin embargo, debido a la naturaleza dinámica de los mercados financieros, algunas de las estrategias o ejemplos presentados pueden quedar desactualizados o ineficaces con el tiempo.

Tabla de Contenido

Introducción

Bienvenido a Trading para Novatos, un libro diseñado para aquellos que están dando sus primeros pasos en el mundo del trading. Si alguna vez te has sentido abrumado por la complejidad de los mercados financieros o te ha parecido que el trading es solo para expertos, este libro es para ti. Aquí encontrarás una guía clara y accesible que te ayudará a comprender los conceptos fundamentales, las estrategias básicas y los principios clave que necesitas para comenzar a operar con confianza.

El trading no es un camino fácil ni una fórmula mágica para hacerse rico rápidamente, pero con el enfoque correcto, paciencia y educación, puede convertirse en una habilidad poderosa. A lo largo de este libro, desglosaré los aspectos esenciales del trading, desde las herramientas más simples hasta las más complejas, para que puedas tomar decisiones informadas y reducir riesgos.

Mi objetivo es ofrecerte no solo el conocimiento necesario para operar, sino también una mentalidad sólida que te permita navegar los altibajos del mercado sin caer en trampas o decisiones impulsivas. Así que, si estás listo para aprender y dar el primer paso hacia tu desarrollo como trader, acompáñame en este viaje.

Capítulo 1: Mercado de Valores

El mercado de valores es un océano de posibilidades, una herramienta increíblemente poderosa para aquellos que saben cómo aprovecharla. Creo firmemente que esta herramienta no debería ser exclusiva para unos pocos privilegiados, sino para todos. Es por eso que decidí escribir este libro.

En el mercado de valores, hay oportunidades para cada tipo de enfoque. Puedes invertir en acciones a largo plazo, esperando que su valor crezca con el tiempo y recibiendo dividendos a medida que avanzas. O si prefieres la acción diaria, puedes involucrarte en el trading, comprando y vendiendo activos con el objetivo de aprovechar las fluctuaciones diarias de los precios. Hay espacio para quienes desean operar en corto, apostando a que los precios caerán. Lo más importante es que no dejes que nadie te diga lo que puedes o no puedes hacer con tu dinero. Este libro te abrirá los ojos a diversas estrategias, y quizá incluso encuentres una manera única de beneficiarte del mercado que aún no se ha descubierto.

Aquí, exploraré una variedad de enfoques para operar en los mercados financieros. Cuando empieces, te recomiendo que experimentes con diferentes estrategias y técnicas para ver cuál resuena contigo. Todos tenemos diferentes formas de enfrentar el riesgo y la incertidumbre. Algunos se sienten atraídos por la adrenalina que ofrece el trading, mientras que otros prefieren el enfoque más relajado y a largo plazo. Lo más atractivo del mercado de valores es que tiene espacio para ambos enfoques.

Lo único que te pido es que aprendas cómo funciona el mercado de valores. La realidad es que muchas personas nunca se toman el tiempo de comprenderlo y, en lugar de adaptarse a él, intentan forzarlo. El mercado es como la naturaleza: no se ajusta a nuestras expectativas, simplemente sigue su propio curso. Si te tomas el tiempo para comprender su funcionamiento, estarás en una posición mucho más fuerte para aprovecharlo.

Este es un aspecto clave, ya que vivimos en un mundo donde los mercados financieros son el motor de muchas decisiones que afectan nuestras vidas. Si puedes entender cómo funcionan, te encontrarás con una ventaja significativa que te acompañará durante toda tu vida.

Para resumir lo que mencioné al principio: El mercado de valores es, sin lugar a dudas, una de las mayores fuentes de oportunidades en el mundo. Sin embargo, la mayoría de las personas no aprenden a usarlo a su favor.

Es evidente que tú no eres como la mayoría. Algo en este libro te llamó la atención, y por ello decidiste dar el paso y aprender más. Sabes que el trading y la inversión son habilidades que se pueden aprender, y estás listo para poner en práctica ese conocimiento. Eso te convierte en el tipo de persona que quiero ayudar. Mi propósito es apoyarte en tu camino para alcanzar tus metas financieras y ayudarte a crear riqueza.

Acciones

¿Qué es una acción? En términos sencillos, una acción es una fracción de propiedad de una empresa. Cuando compras acciones de una compañía, te conviertes en propietario parcial de ella. Por ejemplo, si compras 100 acciones de Tesla, ahora eres un accionista, lo que significa que tienes una pequeña parte de esa empresa. Si tuvieras los recursos suficientes, podrías comprar todas las acciones de Tesla y convertirte en el dueño total de la compañía, convirtiéndote en el "rey de los autos eléctricos".

Vamos a visualizarlo de otra forma. Imagina que Tesla es como una pizza, y cada acción es una porción de esa pizza. Tesla tiene más de 1.000 millones de "porciones" (acciones en circulación). Al momento de escribir esto, cada porción de esa pizza tiene un valor de aproximadamente 200 dólares.

Cuando decimos que la acción de Tesla se cotiza a ese precio, nos referimos al valor de cada una de esas porciones.

Si tomamos el número total de porciones y lo multiplicamos por el valor de cada una, obtenemos la capitalización de mercado de la empresa. Esto nos da el valor total de Tesla, que actualmente está cerca de los 200 mil millones de dólares. Este término, "capitalización de mercado", es simplemente el valor total de todas las acciones de una empresa. Así que cuando escuchas que Amazon es la compañía más valiosa del mundo, lo que se está diciendo es que tiene la mayor capitalización de mercado.

El valor de la capitalización de mercado de las empresas varía constantemente. Por ejemplo, en octubre de 2018, Amazon tenía una capitalización de mercado de 900 mil millones de dólares. A lo largo de 2019, esa cifra cambió, como pasa con todas las empresas, debido a los vaivenes del mercado. El valor de las acciones de una empresa fluctúa debido a que los inversionistas están constantemente evaluando nueva información acerca de la compañía. Sus decisiones de compra o venta empujan el precio de la acción hacia lo que creen que es su valor verdadero.

Es importante entender que, a veces, el mercado puede sobrevalorar o infravalorar una empresa. Un ejemplo de esto sucedió con Pets.com a finales de los 90. La empresa fue valorada en más de 500 millones de dólares, pero en menos de un año su valor se desplomó a cero cuando cerró. En cambio, en 2001, Tesla tenía un valor mucho menor de lo que tiene hoy, pero sus innovaciones, como los autos eléctricos y el avance de su tecnología, la llevaron a ser una de las empresas más valiosas de la actualidad.

El mercado de valores es dinámico y se ajusta constantemente a la nueva información que se revela. Las fluctuaciones en las acciones de las empresas también responden a las leyes de la oferta y la demanda. Si muchas personas quieren comprar una acción, su precio subirá. Sin embargo, si grandes inversores deciden vender acciones, el precio podría bajar. Estas fuerzas son las que impulsan el mercado.

A veces, las acciones de una empresa se mueven de manera difícil de predecir. El mercado de valores, sin embargo, está mirando siempre hacia el futuro, tratando de predecir lo que ocurrirá en los próximos meses. Por eso, se dice que el mercado de valores actúa como un "mecanismo de previsión" o un "mecanismo de descuento". Esto significa que los precios de las acciones hoy reflejan las expectativas de lo que ocurrirá en el futuro, no solo los resultados actuales.

En 2009, la economía estadounidense estaba en su peor momento, con muchos desempleados y familias perdiendo sus hogares. Sin embargo, el mercado de valores empezó a recuperarse, incluso cuando las condiciones económicas aún eran malas. Esto ocurrió porque el mercado ya había anticipado que la economía se recuperaría, lo que a la larga fue correcto.

Lo mismo puede suceder con las acciones de una compañía específica. A veces, una empresa reporta grandes ganancias, pero su precio de acción baja debido a otros factores. Esto puede suceder cuando los inversionistas reaccionan a información adicional, como las previsiones de los ejecutivos de la empresa. El mercado está "mirando" hacia el futuro, no solo el presente, al momento de determinar el valor de las acciones.

Los traders menos experimentados pueden caer en la tentación de comprar acciones que están a la baja, esperando que se recuperen rápidamente. Sin embargo, esto suele ser un error, ya que puede tomar días o incluso semanas para que los nuevos datos se reflejen en el precio de la acción.

Por otro lado, una empresa puede reportar ganancias mucho mayores a las esperadas, lo que puede hacer que sus acciones suban significativamente. Este aumento puede durar varios días o incluso semanas, ya que los grandes fondos de inversión compran acciones de la empresa para acercar su precio al valor justo, basado en la nueva información revelada.

Cuando estos grandes inversores compran miles de millones de dólares en acciones, no lo hacen de forma inmediata. El proceso puede durar desde horas hasta semanas, ya que las transacciones tan grandes no se pueden realizar simplemente presionando un botón. Por lo tanto, el mercado de valores se ajusta poco a poco a estas grandes compras y ventas, y el precio de las acciones refleja constantemente la nueva información que va surgiendo.

Trading

El trading es una de las formas más emocionantes y potencialmente rentables de participar en los mercados financieros. Básicamente, el trading consiste en comprar y vender activos, como acciones, criptomonedas, divisas o futuros, con el objetivo de obtener beneficios al aprovechar las fluctuaciones de sus precios en un corto período de tiempo. Mientras que la inversión tradicional se basa en mantener activos durante años, el trading se enfoca en realizar transacciones más rápidas y oportunas, con el fin de capturar pequeñas (pero potencialmente significativas) ganancias.

Los traders, o aquellos que realizan estas transacciones, operan con una variedad de activos dependiendo de sus intereses y estrategias. En el **mercado de valores**, los traders compran y venden acciones de empresas que cotizan en bolsas como el **NYSE o el NASDAQ**, buscando aprovechar las subidas y bajadas de los precios de las acciones. También pueden operar en el mercado de divisas, conocido como Forex, que es el mercado más grande y líquido del mundo, donde se negocian pares de monedas, como el dólar frente al euro.

Otro mercado muy popular para hacer trading es el de las criptomonedas. Con la llegada de **Bitcoin** y otras criptomonedas, se han abierto nuevas oportunidades para traders que buscan aprovechar la volatilidad de estos activos digitales. El mercado de **criptomonedas** es altamente dinámico, lo que brinda muchas oportunidades de negociación en un corto período de tiempo.

Los futuros son otro mercado en el que los traders pueden participar. Este mercado incluye contratos que obligan a comprar o vender un activo en una fecha futura, y son comúnmente utilizados para comerciar con materias primas como el oro, el petróleo o incluso índices bursátiles.

Lo que hace al trading tan atractivo es la posibilidad de **obtener ganancias en cualquier dirección del mercado**. A diferencia de las inversiones tradicionales, donde el objetivo es comprar y esperar a que los precios suban, el trading permite tanto la compra (long) como la venta (short) de activos. Esto significa que puedes obtener ganancias tanto cuando los precios suben como cuando bajan, lo que abre un abanico de oportunidades.

Aunque el concepto de trading puede parecer sencillo, se necesita una comprensión profunda de los mercados, de cómo se mueven los precios y de las herramientas que tienes a tu disposición para tomar decisiones informadas. Es una actividad que requiere habilidad, paciencia y disciplina. En los capítulos siguientes de este libro, exploraré con más detalle cómo puedes comenzar a hacer trading, los distintos mercados en los que puedes operar, y las estrategias que puedes utilizar para maximizar tus oportunidades.

Empresas con acciones en el mercado

Estas empresas son conocidas por tener alta liquidez y ser frecuentemente operadas por traders e inversores.

- **Apple** (AAPL) - Tecnología
- **Microsoft** (MSFT) - Tecnología
- **Amazon** (AMZN) - Comercio electrónico y tecnología
- **Tesla** (TSLA) - Automóviles eléctricos y energía renovable
- **Alphabet** (GOOGL) - Matriz de Google, tecnología y publicidad
- **Meta Platforms** (META) - Redes sociales (Facebook, Instagram, WhatsApp)
- **NVIDIA** (NVDA) - Fabricación de chips y tecnología gráfica Berkshire Hathaway (BRK.B) - Conglomerado de inversiones
- **JPMorgan Chase** (JPM) - Servicios financieros y banca
- **Visa** (V) - Servicios financieros y pagos digitales
- **Coca-Cola** (KO) - Bebidas y productos de consumo
- **Johnson & Johnson** (JNJ) - Salud y productos

farmacéuticos

- **Pfizer** (PFE) - Farmacéutica
- **Procter & Gamble** (PG) - Productos de consumo masivo
- **Walt Disney** (DIS) - Entretenimiento y medios
- **Netflix** (NFLX) - Streaming y entretenimiento
- **Goldman Sachs** (GS) - Servicios financieros y banca de inversión
- **Boeing** (BA) - Aeronáutica y defensa
- **ExxonMobil** (XOM) - Energía y petróleo
- **Alibaba** (BABA) - Comercio electrónico y tecnología (China)

Ahora, te preguntaras donde y cuando comprar cualquiera de estas acciones, ahora mismo te daré esa información valiosa. Dentro de este mundo hay varias plataformas donde se pueden comprar acciones en distintos países.

Estas plataformas son las favoritas en el Mercado, algunas las utilizan para trading a largo plazo.

TD Ameritrade

TD Ameritrade es una de las plataformas de trading más grandes y conocidas en los Estados Unidos, con una trayectoria sólida en los mercados financieros. Ofrece una amplia gama de productos, como acciones, ETFs, bonos, opciones y futuros. TD Ameritrade se destaca por su herramienta de trading avanzada llamada thinkorswim, que proporciona análisis técnicos y gráficos avanzados, ideal para traders experimentados. La plataforma es conocida por su amplia variedad de recursos educativos, tutoriales y análisis de mercado, lo que la convierte en una excelente opción tanto para principiantes como para traders avanzados. Aunque TD Ameritrade no está disponible en México directamente, es una opción para aquellos que residen en EE.UU. o que tienen cuentas en ese país.

Robinhood

Robinhood es una plataforma de trading popular en los Estados Unidos que se caracteriza por su enfoque en las comisiones cero. Su modelo disruptivo de "trading sin comisiones" ha atraído a millones de usuarios, sobre todo jóvenes e inversores principiantes. En Robinhood, puedes comprar y vender acciones, ETFs, y opciones sin pagar tarifas por cada transacción, lo que democratiza el acceso al mercado. Aunque su interfaz es muy intuitiva y sencilla de usar, la plataforma ha sido criticada por no tener herramientas avanzadas para el análisis técnico, lo que puede no ser suficiente para traders más experimentados. Robinhood es una opción muy accesible para principiantes, pero su disponibilidad está limitada a usuarios en los Estados Unidos y no ofrece soporte directo en México.

GBM (Grupo Bursátil Mexicano)

GBM es una de las principales casas de bolsa en México y ofrece una plataforma llamada GBM+ para comprar y vender acciones en la Bolsa Mexicana de Valores (BMV) y también en mercados internacionales. Es una opción muy sólida y confiable para los inversores mexicanos, ya que está regulada por las autoridades financieras del país. GBM+ permite a los usuarios operar con acciones, fondos cotizados (ETFs), e incluso ofrece cuentas de inversión a largo plazo como GBM Wealth. La plataforma es conocida por ser fácil de usar, con herramientas accesibles para inversores de todos los niveles, desde principiantes hasta más avanzados. Además, GBM se ha popularizado por sus comisiones bajas y la posibilidad de invertir en el mercado de valores mexicano desde una cantidad mínima muy accesible, lo que abre las puertas a una mayor cantidad de usuarios interesados en empezar a invertir.

Exness

Exness es una plataforma de trading global que permite a los usuarios operar en una variedad de mercados financieros, incluyendo divisas, acciones, índices, y criptomonedas. Con una interfaz fácil de usar, Exness ofrece herramientas avanzadas de análisis, ejecución rápida de operaciones y acceso a múltiples instrumentos de trading, lo que lo convierte en una opción popular tanto para traders principiantes como experimentados.

Los usuarios pueden operar desde cualquier lugar utilizando sus dispositivos móviles o computadoras, con la posibilidad de elegir entre varias cuentas adaptadas a diferentes necesidades. Exness también destaca por su fuerte enfoque en la seguridad, proporcionando protección de datos y fondos a través de medidas estrictas.

Además, ofrece soporte al cliente en varios idiomas, garantizando que los traders puedan recibir asistencia de manera oportuna. Con una regulación en diversas jurisdicciones y un historial de confianza, Exness es una opción confiable para aquellos interesados en realizar trading de manera profesional o casual.

Oferta y Demanda

La oferta y demanda es uno de los conceptos más básicos y fundamentales de la economía, que describe cómo interactúan los vendedores y compradores en un mercado. La oferta se refiere a la cantidad de un bien o servicio que los vendedores están dispuestos a ofrecer a diferentes precios. Por otro lado, la demanda es la cantidad de ese bien o servicio que los compradores desean adquirir a ciertos precios.

El precio de un producto en un mercado está determinado por la interacción entre la oferta y la demanda. Cuando la demanda de un producto es alta pero la oferta es baja, los precios tienden a subir porque los compradores compiten por una cantidad limitada de bienes. Por el contrario, si la oferta es alta pero la demanda es baja, los precios bajan, ya que hay más productos disponibles de los que los compradores desean.

Ejemplo fácil

Imagina que una empresa tecnológica anuncia una nueva y revolucionaria innovación. Esta noticia genera un gran interés en el mercado, y muchos traders e inversores deciden comprar acciones de esa empresa esperando que su valor aumente. La demanda por las acciones sube rápidamente, pero la cantidad de acciones disponibles (oferta) es limitada. Como resultado, el precio de las acciones sube considerablemente, ya que los compradores están dispuestos a pagar más para asegurarse de obtenerlas.

Ahora, imagina que después de unas semanas, los analistas descubren que el impacto de la innovación no es tan grande como se esperaba. Muchos traders deciden vender sus acciones al mismo tiempo (aumenta la oferta), mientras que menos personas quieren comprarlas (disminuye la demanda). En este caso, el precio de las acciones comienza a caer, ya que hay más vendedores que compradores en el mercado.

El trading es, en esencia, un mundo donde todo gira en torno a la oferta y la demanda. Cada vez que operas en los mercados financieros, ya sea comprando o vendiendo, te estás moviendo dentro de un sistema dinámico que responde a estos dos principios fundamentales. Cuando hay más personas dispuestas a comprar un activo, como acciones o divisas, el precio tiende a subir. Por el contrario, cuando hay más personas interesadas en vender, el precio cae.

Esta relación entre oferta y demanda es lo que hace que los precios fluctúen constantemente. Como trader, tu objetivo es aprovechar esas fluctuaciones para obtener beneficios. Imagina un mercado lleno de personas que compran y venden, donde cada decisión, por pequeña que parezca, afecta el precio de los activos. Esa es la esencia del trading: un delicado equilibrio entre lo que la gente está dispuesta a pagar y lo que otros están dispuestos a vender.

Cuando decides entrar al mundo del trading, te conviertes en parte activa de este juego de fuerzas. Si entiendes bien la oferta y la demanda, puedes prever hacia dónde se moverá el mercado y posicionarte para ganar. Pero este juego no es estático. Cada noticia, cada reporte económico, cada nueva información que surge puede cambiar la percepción de los traders y, por lo tanto, alterar el balance entre oferta y demanda.

El trading se trata de leer estas señales y entender cómo la psicología colectiva del mercado influye en los precios. Cuando muchos creen que un activo tiene potencial de crecer, la demanda aumenta y, por lo tanto, los precios suben. Y lo opuesto sucede cuando reina el pesimismo: los vendedores inundan el mercado, generando una mayor oferta y presionando los precios hacia abajo.

La clave del éxito en el trading es estar siempre atento a estos cambios, aprender a interpretar las señales que indican si la demanda está creciendo o si la oferta está tomando el control. Una vez que domines este equilibrio, estarás más cerca de convertirte en un trader exitoso, capaz de navegar en este mundo donde la oferta y la demanda son los verdaderos protagonistas.

Cosas que un Trader No debe hacer

Un futuro trader debe ser extremadamente cuidadoso al elegir la plataforma en la que va a operar. Es fundamental evitar aquellas plataformas que no están reguladas por entidades gubernamentales, ya que esto puede resultar en estafas o pérdidas importantes. Plataformas no reguladas suelen prometer **ganancias seguras** o "retornos garantizados", lo cual es una señal clara de advertencia. Ningún mercado financiero puede asegurar ganancias constantes, ya que siempre hay un nivel de riesgo involucrado.

Además, es esencial mantenerse alejado de esquemas piramidales o de inversión que dependen del reclutamiento de nuevos miembros para generar ingresos. Estos esquemas no solo son ilegales, sino que también pueden colapsar rápidamente, dejando a los participantes con grandes pérdidas.

En cambio, un trader debe operar en plataformas reguladas por organismos gubernamentales, como la **Comisión de Bolsa y Valores de los Estados Unidos (SEC)** o reguladores de otros países con buena reputación. Estas regulaciones ofrecen mayor seguridad al asegurarse de que las plataformas cumplen con estándares estrictos y protegen a los inversores. También es recomendable verificar la reputación de la plataforma y leer reseñas de otros usuarios antes de depositar cualquier dinero.

Te dejo una lista para que lo tomes en cuenta cuanto antes y evites ser victima de un fraude.

- **Entrar en plataformas no reguladas:** Evita operar en plataformas que no están supervisadas por entidades gubernamentales o reguladores oficiales.

- **Creer en promesas de ganancias seguras:** No confíes en plataformas o personas que aseguren retornos garantizados. El trading siempre implica riesgos.

- **Invertir sin una estrategia clara:** No operes sin un plan de acción definido. Un trader sin estrategia es más propenso a tomar decisiones emocionales.

- **Dejarse llevar por el pánico o la euforia:** Evita operar bajo emociones extremas. Es importante mantener la calma y tomar decisiones racionales.

- **Ignorar la gestión de riesgo:** No arriesgues más de lo que puedes permitirte perder y asegúrate de diversificar tus inversiones.

- **Operar sin formación previa:** No te lances al trading sin haber estudiado y comprendido los conceptos básicos y avanzados del mercado.

- **Seguir consejos no verificados:** No confíes ciegamente en recomendaciones de terceros sin hacer tu propia investigación.

- **Esquema piramidal:** Mantente alejado de cualquier oferta que dependa de reclutar personas para obtener beneficios.

- **Apostar todo a una sola operación:** No pongas todo tu capital en una única transacción, diversificar es clave.

- **Negociar con dinero prestado sin experiencia:** Evita usar apalancamiento o préstamos si eres principiante, ya que puede aumentar tanto las ganancias como las pérdidas.

- **Confiar en personas o influencers que dicen ser ricos:** No te dejes engañar por individuos que presumen de grandes riquezas obtenidas del trading, ya que muchos solo buscan vender cursos o afiliaciones sin ofrecer valor real.

- **Apostar todo a una sola operación:** No pongas todo tu capital en una única transacción, diversificar es clave.

- **Negociar con dinero prestado sin experiencia:** Evita usar apalancamiento o préstamos si eres principiante, ya que puede aumentar tanto las ganancias como las pérdidas.

Opciones Binarias

Es fundamental que un futuro trader entienda por qué las opciones binarias son extremadamente arriesgadas y no son una buena opción para quienes están empezando en el mundo del trading. Las opciones binarias prometen rendimientos rápidos y fáciles, pero en realidad, funcionan más como una apuesta que como una inversión informada. En este tipo de operaciones, el trader debe predecir si el precio de un activo subirá o bajará en un tiempo determinado, y si su predicción es correcta, obtiene una ganancia fija, pero si se equivoca, pierde todo su dinero invertido en esa operación.

El problema con las opciones binarias es que no están reguladas de la misma forma que otros instrumentos financieros, lo que las convierte en un terreno fértil para fraudes y estafas. Muchas plataformas de opciones binarias operan bajo condiciones poco claras y a menudo tienen prácticas deshonestas, como hacer que los traders pierdan intencionalmente o manipular las plataformas para beneficiar a los operadores.

Además, el alto riesgo y la falta de educación adecuada hacen que las opciones binarias sean una trampa psicológica, ya que pueden generar la falsa sensación de que el éxito es fácil y rápido. Esto puede llevar a los traders a tomar decisiones impulsivas, lo que incrementa aún más las probabilidades de perder dinero.

Si realmente quieres aprender a operar en los mercados de manera efectiva y con mayores probabilidades de éxito, es mejor optar por instrumentos más tradicionales y regulados, como acciones, divisas o futuros, donde las decisiones pueden basarse en análisis sólidos y no en apuestas de corto plazo. El trading debe ser una habilidad que se perfecciona con tiempo y estudio, no una forma rápida de hacer dinero.

Cuanto Dinero necesito para empezar a operar

Cuando comienzas en el mundo del trading, es normal pensar que necesitas una gran cantidad de capital para tener éxito. Sin embargo, la realidad es que no es necesario empezar con mucho dinero para ser un buen trader. De hecho, muchos traders principiantes comienzan con un capital modesto, y lo importante no es cuánto dinero tienes al principio, sino cómo lo gestionas y qué estrategias utilizas.

Lo primero que debes entender es que el trading es un proceso gradual. No se trata de hacer una gran fortuna de la noche a la mañana, sino de aprender y mejorar poco a poco, a medida que te familiarizas con los mercados. Con un capital bajo, puedes operar de manera prudente y aprender sin exponer demasiado tu dinero a grandes riesgos. Plataformas como GBM en México, Robinhood en Estados Unidos y muchas otras permiten que los principiantes comiencen con montos accesibles, sin la presión de tener grandes cantidades de dinero.

Lo recomendable es que, al empezar, uses solo el dinero que estás dispuesto a perder, sin comprometer tus finanzas personales. Algunos traders comienzan con **$100, otros con $500 o $1,000**, pero la clave no está en la cantidad exacta, sino en que sepas cómo manejarlo. La gestión del riesgo es fundamental: no pongas todo tu capital en una sola operación, y aprende a diversificar, manteniendo siempre una parte de tu capital en reserva.

Además, es importante tener en cuenta que al empezar con un capital bajo, debes tener expectativas realistas. El objetivo no es hacer una gran cantidad de dinero de inmediato, sino aprender a operar correctamente, controlar tus emociones y perfeccionar tu estrategia. Conforme vayas ganando experiencia y confianza, puedes ir aumentando tu capital de manera gradual.

Horarios para el Trading

Cuando se trata de hacer trading en los mercados financieros globales, el tiempo lo es todo. Los mercados financieros están abiertos las 24 horas del día, cinco días a la semana, pero no todos los horarios son igualmente beneficiosos para operar. Las principales sesiones de trading en el mundo están determinadas por las horas de operación de cuatro grandes centros financieros: Nueva York, Londres, Tokio y Sídney. Cada una de estas ciudades tiene su propio horario de trading y ofrece oportunidades distintas para los traders. Conocer cuándo abre y cierra cada mercado es clave para aprovechar las mejores oportunidades y encontrar momentos de alta volatilidad.

En el caso de las Criptomonedas, el mercado esta abierto las 24 horas del día.

Sesión de Sídney

HORARIO DE APERTURA: 5:00 PM a 2:00 AM (hora de Nueva York)

ZONA HORARIA: UTC +10 (horario estándar de Sídney)

La sesión de Sídney es la primera en abrir cada día, marcando el inicio del ciclo de trading. Aunque es la sesión menos volátil de todas, es ideal para los traders que prefieren operar con menos movimiento y realizar análisis más tranquilos. Dado que esta sesión coincide con el cierre de los mercados estadounidenses, la liquidez tiende a ser más baja en comparación con las otras sesiones. Sin embargo, es el momento ideal para operar activos relacionados con el dólar australiano (AUD) y el dólar neozelandés (NZD), ya que esos mercados están más activos durante este tiempo.

Sesión de Nueva York

HORARIO DE APERTURA: 8:00 AM a 5:00 PM (hora de Nueva York)

ZONA HORARIA: UTC -5 (horario estándar de Nueva York)

La sesión de Nueva York marca el cierre del ciclo diario del mercado y es la segunda más volátil después de la sesión de Londres. Como Nueva York es el centro financiero de Estados

Unidos, el dólar estadounidense (USD) es la moneda más negociada durante este período. Además, la Bolsa de Valores de Nueva York (NYSE) y el NASDAQ también están en plena actividad, lo que convierte esta sesión en el mejor momento para operar con acciones y futuros. La superposición con la sesión de Londres, entre las 8:00 AM y las 12:00 PM (hora de Nueva York), es un período de gran movimiento, lo que lo convierte en uno de los momentos más lucrativos para operar.

Sesión de Londres

HORARIO DE APERTURA: 3:00 AM a 12:00 PM (hora de Nueva York)

ZONA HORARIA: UTC +0 (horario estándar de Londres)

La sesión de Londres es, por mucho, la más activa y volátil de todas. Londres es el mayor centro de trading del mundo, y gran parte del volumen global de transacciones pasa por este mercado. Aquí es donde se generan los movimientos más significativos en el mercado de divisas y de acciones europeas. La sesión de Londres también coincide con la sesión de Nueva York durante unas horas, lo que crea un período de gran actividad y volatilidad, especialmente en los pares de divisas como el euro (EUR) y la libra esterlina (GBP). Para los traders que buscan volatilidad y grandes movimientos de precios, esta es la sesión ideal.

Sesión de Tokio

HORARIO DE APERTURA: 7:00 PM a 4:00 AM (hora de Nueva York)

ZONA HORARIA: UTC +9 (horario estándar de Tokio)

La sesión asiática está liderada por la Bolsa de Tokio, que es una de las principales economías del mundo. Durante esta sesión, las monedas del yen japonés (JPY), el yuan chino (CNY) y el dólar australiano (AUD) son las más negociadas. Si bien esta sesión es más volátil que la de Sídney, sigue siendo relativamente tranquila en comparación con Londres y Nueva York. Es un buen momento para operar con pares de divisas que incluyen el yen japonés, ya que este mercado está en plena actividad.

Oportunidades de Alta Volatilidad

Uno de los aspectos más interesantes de hacer trading en los mercados globales es que algunas sesiones se superponen, lo que genera períodos de gran actividad y volatilidad. La más importante de estas superposiciones es la de la sesión de Londres con la de Nueva York. Este período, que va de las **8:00 AM a las 12:00 PM** (hora de Nueva York), es conocido por ser uno de los momentos más volátiles del día, ya que ambos mercados están en plena operación, lo que genera grandes movimientos en los precios.

También existe una breve superposición entre las sesiones de Tokio y Londres, de **3:00 AM a 4:00 AM** (hora de Nueva York), aunque la volatilidad aquí es menor en comparación con la superposición Londres-Nueva York.

Tipos de Trading

En el mundo del trading, existen diferentes estilos y estrategias que se adaptan a la personalidad, objetivos y nivel de experiencia de cada trader. Al aprender sobre estos tipos de trading, es importante elegir el que mejor se ajuste a tu disponibilidad de tiempo, tolerancia al riesgo y expectativas de ganancias. A continuación, exploramos los principales tipos de trading que puedes considerar.

Day Trading (Trading Intradía)

El day trading es una de las formas más rápidas y emocionantes de trading. En esta modalidad, el trader abre y cierra posiciones en el mismo día, evitando mantenerlas durante la noche. El objetivo principal es aprovechar los pequeños movimientos en los precios de los activos en un período muy corto.

VENTAJAS: No hay riesgo nocturno (porque no se dejan posiciones abiertas de un día para otro). Las oportunidades para hacer ganancias son diarias.

DESVENTAJAS: Exige una dedicación casi total durante las horas de mercado y puede ser estresante debido a la alta frecuencia de operaciones.

Swing Trading

El swing trading es una estrategia más relajada que el day trading, ya que las operaciones pueden durar desde unos pocos días hasta varias semanas. Los swing traders buscan capturar tendencias a corto y mediano plazo, aprovechando los movimientos más grandes en el mercado, en lugar de los pequeños movimientos diarios.

VENTAJAS: Es menos demandante en términos de tiempo, ya que no necesitas monitorear constantemente el mercado.

DESVENTAJAS: Existe el riesgo de mantener posiciones durante la noche o los fines de semana, lo que puede llevar a movimientos inesperados en el precio debido a eventos económicos o noticias.

Scalping

El scalping es una estrategia muy rápida, similar al day trading pero con una diferencia clave: los traders abren y cierran operaciones en segundos o minutos, buscando capturar pequeños movimientos en el precio repetidamente a lo largo del día.

VENTAJAS: Si se hace correctamente, el scalping puede generar ganancias constantes.

DESVENTAJAS: Requiere una atención total al mercado y un conocimiento profundo de los movimientos de precios a corto plazo. También conlleva una alta comisión por el volumen de operaciones.

Trading Posicional

El trading posicional se basa en mantener una posición abierta durante semanas, meses o incluso años, con el objetivo de beneficiarse de grandes movimientos de mercado. Los traders posicionales suelen basarse en el análisis técnico y fundamental para predecir tendencias a largo plazo.

VENTAJAS: Menos estrés y menos tiempo frente a la pantalla, ya que se trata de una estrategia de largo plazo.

DESVENTAJAS: Los movimientos del mercado a corto plazo pueden generar pérdidas temporales, y los traders necesitan paciencia para esperar que la tendencia general se desarrolle.

Capítulo 2: Trading de Criptomonedas

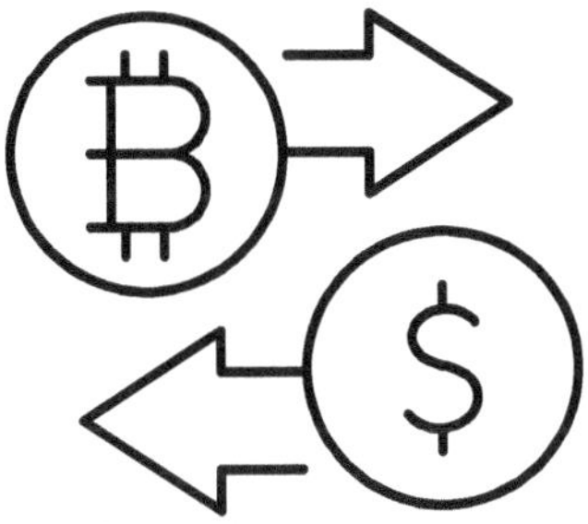

El trading de criptomonedas se ha convertido en una de las áreas más emocionantes y dinámicas del mundo financiero en los últimos años. Con la creciente popularidad de activos digitales como **Bitcoin**, **Ethereum**, y otras criptomonedas, millones de personas en todo el mundo han comenzado a explorar el potencial de obtener ganancias mediante la compra y venta de estos activos digitales. Aunque el mercado de criptomonedas comparte algunas similitudes con los mercados tradicionales como las acciones o divisas, también presenta características únicas que lo hacen un terreno fértil tanto para traders novatos como experimentados.

El **trading de criptomonedas** consiste en comprar y vender criptodivisas en plataformas de intercambio (exchanges) con el objetivo de obtener beneficios. Los traders de criptomonedas se benefician de la volatilidad de estos activos, ya que los precios de las criptomonedas pueden subir o bajar en grandes porcentajes en cortos periodos de tiempo. Esto crea numerosas oportunidades para aprovechar las fluctuaciones del mercado.

A diferencia de los mercados tradicionales, el mercado de criptomonedas opera las **24 horas del día**, los 7 días de la semana. No hay horarios fijos como los de los mercados de acciones o divisas. Esto permite a los traders operar en cualquier momento, brindando flexibilidad para aquellos que desean dedicar tiempo completo al trading o quienes lo ven como una actividad secundaria.

Volatilidad: Riesgo y Oportunidad

El mercado de criptomonedas es notoriamente volátil. En cuestión de horas, una criptomoneda puede experimentar subidas o caídas dramáticas, lo que representa tanto una oportunidad como un riesgo. Por ejemplo, Bitcoin ha tenido ciclos en los que ha subido miles de dólares en pocos días, pero también ha sufrido caídas abruptas.

Esta volatilidad crea muchas oportunidades para los traders que saben cómo gestionarla, pero también conlleva riesgos significativos. Es importante que cualquier trader, especialmente los principiantes, entienda que el mercado de criptomonedas puede ser impredecible. Por lo tanto, es fundamental implementar estrategias de gestión de riesgos, como el uso de stop-loss para limitar las pérdidas.

Manipulación del Mercado

La manipulación del mercado es un tema controvertido y complejo en el mundo del trading, y afecta tanto a los mercados tradicionales como a los de criptomonedas. Se refiere a las prácticas utilizadas por algunos actores para influir artificialmente en los precios de activos financieros, con el fin de obtener ganancias a costa de otros traders. Estas prácticas no solo crean movimientos inusuales en los precios, sino que también pueden llevar a decisiones de inversión equivocadas para aquellos que no están al tanto de lo que está sucediendo en el trasfondo.

Aunque existen leyes que regulan los mercados financieros y penalizan este tipo de prácticas en los mercados tradicionales, no siempre es fácil detectarlas o prevenirlas, y en los mercados más nuevos, como el de las criptomonedas, la regulación es aún más limitada.

Pump and Dump: Esta es una de las formas más comunes de manipulación en el mercado de criptomonedas y acciones de baja capitalización. En esta estrategia, los manipuladores inflan artificialmente el precio de un activo (el "pump") al generar exageraciones y rumores en redes sociales u otros medios, atrayendo a traders y aumentando la demanda. Una vez que el precio ha subido significativamente, los manipuladores venden sus posiciones (el "dump") para obtener ganancias, lo que provoca una caída repentina del precio y deja a los traders desprevenidos con pérdidas considerables.

Spoofing: El spoofing es una técnica en la que un trader coloca grandes órdenes de compra o venta en el mercado con la intención de cancelarlas antes de que se ejecuten. El objetivo es crear la ilusión de una gran demanda o oferta, lo que puede provocar que otros traders reaccionen y ajusten sus órdenes, moviendo el precio a su favor. Una vez que el precio ha cambiado en la dirección deseada, el manipulador cancela sus órdenes originales y se beneficia de la distorsión que causó.

La Manipulación en el Mercado de Criptomonedas

El mercado de criptomonedas es especialmente vulnerable a la manipulación por varias razones. Primero, es un mercado relativamente joven en comparación con otros mercados financieros, por lo que carece de la misma estructura regulatoria sólida. Segundo, muchos activos en el mercado de criptomonedas tienen una baja capitalización de mercado y una menor liquidez, lo que significa que son más fáciles de manipular con menos capital.

Las criptomonedas más pequeñas, conocidas como altcoins, son particularmente susceptibles a las manipulaciones tipo "pump and dump", ya que basta con un pequeño número de participantes para generar movimientos significativos en el precio. En muchos casos, los manipuladores aprovechan la falta de experiencia de los nuevos traders que entran al mercado con la esperanza de obtener ganancias rápidas.

Además, dado que las plataformas de intercambio de criptomonedas no siempre están sujetas a las mismas regulaciones estrictas que los mercados de valores tradicionales, las prácticas como el spoofing y el wash trading son más comunes. Esto crea un entorno donde los precios pueden ser menos representativos del verdadero valor de los activos, lo que dificulta la toma de decisiones informadas para los traders legítimos.

Impacto de la Manipulación en los Traders

La manipulación del mercado afecta negativamente a los traders, ya que distorsiona la percepción del valor de un activo. Los traders que no están al tanto de estas prácticas pueden tomar decisiones basadas en movimientos de precios engañosos o volúmenes inflados, lo que puede llevar a pérdidas financieras significativas. Además, los manipuladores suelen beneficiarse a expensas de los pequeños inversores, que son más vulnerables a estos engaños.

El problema se agrava en el caso de los traders novatos que entran al mercado sin el conocimiento o la experiencia suficiente para detectar señales de manipulación. Estos traders pueden ser fácilmente engañados por subidas de precios repentinas, rumores falsos o volúmenes de negociación inflados, lo que puede llevarles a comprar activos sobrevalorados o vender en momentos inadecuados.

Plataformas para Trading de Criptos

Te menciono las plataformas para que puedas hacer Trading de Criptomonedas.

Binance

Es uno de los intercambios más grandes y reconocidos en el mundo de las criptomonedas. Ofrece una amplia gama de criptomonedas y herramientas de trading avanzadas. Tiene versiones tanto para principiantes como para traders avanzados.

Coinbase

Es una plataforma popular para principiantes en el mundo de las criptomonedas. Ofrece un entorno simple para comprar, vender y almacenar criptomonedas. También cuenta con una plataforma más avanzada, Coinbase Pro, para traders experimentados.

Kraken

Conocida por su seguridad y soporte a nivel mundial, Kraken ofrece una amplia variedad de criptomonedas y pares de trading, así como herramientas avanzadas para traders experimentados.

KuCoin

Es un intercambio popular que ofrece una gran variedad de criptomonedas y pares de trading.

También proporciona características adicionales como staking, préstamos y su propio token nativo (KCS).

Bitfinex

Una plataforma que ofrece herramientas avanzadas de trading, margen y derivados. Es más adecuada para traders experimentados debido a su complejidad.

Bitstamp

Bitstamp es una de las plataformas más antiguas y confiables. Es conocida por su enfoque en la seguridad y su facilidad de uso, además de ofrecer acceso a una gama de criptomonedas.

Gemini

Fundada por los hermanos Winklevoss, Gemini se destaca por su enfoque en la seguridad y regulación en el mercado de EE. UU. Está diseñada tanto para principiantes como para traders avanzados.

Huobi Global

Un intercambio internacional con un enfoque en la seguridad y una gran variedad de criptomonedas. Ofrece servicios adicionales como staking y herramientas avanzadas de trading.

Bittrex

Con sede en los Estados Unidos, Bittrex ofrece una plataforma simple y segura para el trading de una amplia gama de criptomonedas. Es ideal tanto para principiantes como para traders avanzados.

Bitso

Bitso es una de las plataformas más importantes de América Latina, especialmente en México. Ofrece una interfaz fácil de usar y permite trading de criptomonedas, además de funciones como pagos y transferencias internacionales en criptomonedas. Ideal para usuarios que buscan operar en la región latinoamericana.

Ahora, toco el tema de los tipos de Trading en el mercado de Cripto pero ya hemos abordado los tipos de trading como Scalping, Day Trading, Swing Trading y Trading de Posición en las **páginas 36 y 37** del libro. El concepto detrás de estos estilos es aplicable tanto a mercados tradicionales como al de criptomonedas, por lo que los principios son los mismos, independientemente del activo con el que se opere.

Ahora, te preguntaras con cuales monedas puedes hacer Trading dentro del mundo Cripto, aquí te dejo varias monedas para que revises y mediante una investigación previa puedas hacer trading en el futuro.

Criptos para hacer Trading

Bitcoin (BTC): La primera y más conocida criptomoneda. Es el activo más popular para el trading.

Ethereum (ETH): La segunda criptomoneda más grande, conocida por su plataforma de contratos inteligentes.

Binance Coin (BNB): Utilizada dentro del ecosistema de Binance, uno de los intercambios más grandes del mundo.

Ripple (XRP): Conocida por su tecnología de pagos internacionales.

Cardano (ADA): Un proyecto de blockchain basado en un enfoque científico y revisado por pares.

Solana (SOL): Famosa por su velocidad y bajas tarifas de transacción.

Polkadot (DOT): Diseñada para facilitar la interoperabilidad entre diferentes blockchains.

Litecoin (LTC): Similar a Bitcoin, pero con tiempos de transacción más rápidos y una emisión de moneda mayor.

Dogecoin (DOGE): Originalmente creada como una broma, ha ganado popularidad gracias a la comunidad y figuras públicas como Elon Musk.

Avalanche (AVAX): Una plataforma de contratos inteligentes que compite con Ethereum.

Chainlink (LINK): Conocida por proporcionar oráculos que permiten la interacción entre blockchains y el mundo exterior.

Shiba Inu (SHIB): Inspirada por Dogecoin, ha ganado popularidad entre los traders por su volatilidad.

Uniswap (UNI): El token asociado al popular intercambio descentralizado.

Terra (LUNA): Un protocolo que utiliza monedas estables vinculadas a fiat para impulsar sistemas de pago globales estables.

Algorand (ALGO): Un proyecto blockchain que se enfoca en la escalabilidad y velocidad.

Cosmos (ATOM): Su objetivo es crear una red de blockchains interoperables.

VeChain (VET): Enfocada en mejorar la eficiencia de las cadenas de suministro utilizando tecnología blockchain.

Tezos (XTZ): Una blockchain de código abierto para aplicaciones descentralizadas (DApps) y contratos inteligentes.

Monero (XMR): Conocida por su enfoque en la privacidad y transacciones anónimas.

Aave (AAVE): Un protocolo de finanzas descentralizadas (DeFi) que permite a los usuarios prestar y pedir prestado criptomonedas.

Altcoin

Las **altcoins**, o criptomonedas alternativas al Bitcoin, se han convertido en una opción popular para los traders e inversores en el mundo de las criptomonedas. Sin embargo, es crucial entender que muchas de estas monedas tienen una alta volatilidad y, en muchos casos, una procedencia desconocida. A menudo, las altcoins provienen de proyectos poco transparentes o de iniciativas con poca información disponible para el público. Esto las hace peligrosas tanto para el trading como para la inversión a largo plazo. La falta de regulación y el anonimato de algunos de estos proyectos aumentan el riesgo de fraude y manipulación del mercado.

Invertir en **altcoins** sin realizar una investigación exhaustiva sobre su origen, el equipo detrás de la moneda y su viabilidad a futuro puede resultar en pérdidas significativas. Además, debido a su baja capitalización de mercado y su tendencia a experimentar fuertes movimientos de precio, son especialmente arriesgadas para los traders, que pueden verse atrapados en oscilaciones de precio impredecibles. Por tanto, aunque las altcoins pueden ofrecer oportunidades de ganancia, siempre deben abordarse con cautela y conocimiento para minimizar los riesgos involucrados.

Billetera caliente

Cuando se trata de hacer trading de criptomonedas, especialmente si manejas una cantidad considerable de dinero, siempre es recomendable almacenar tus activos en una billetera caliente, también conocida como "hot wallet", en lugar de dejar todo en un exchange. Los exchanges son plataformas útiles para realizar operaciones rápidas, pero confiar plenamente en ellos puede ser riesgoso. A pesar de las medidas de seguridad que implementan, los exchanges han sido blancos de ataques cibernéticos en el pasado, lo que ha llevado a la pérdida de fondos de miles de usuarios. Además, en situaciones extremas como el cierre de un exchange o problemas regulatorios, podrías encontrarte sin acceso a tus criptomonedas.

Una billetera caliente, que está conectada a internet, te permite tener un control total sobre tus fondos. Aunque no es tan segura como una billetera fría, que no está conectada a internet, proporciona una capa adicional de protección, sobre todo si se utilizan medidas como autenticación de dos factores (2FA) y contraseñas fuertes. Es importante diversificar y no mantener grandes cantidades de criptomonedas solo en un exchange. Si el capital es significativo, muchos traders optan por usar billeteras frías (cold wallets), que son dispositivos físicos o herramientas offline, para almacenar grandes sumas de manera más segura. De esta forma, puedes reducir el riesgo de perder tu inversión debido a vulnerabilidades externas.

Capítulo 3: Forex

El Forex, o mercado de divisas, es el mercado global donde se compran y venden monedas de diferentes países. Es el mercado financiero más grande del mundo, con un volumen diario que supera los 6 billones de dólares. A diferencia de otros mercados, como el de acciones, Forex opera las 24 horas del día, cinco días a la semana, lo que permite a los traders aprovechar las fluctuaciones en los tipos de cambio en cualquier momento.

En el Forex, se opera en pares de divisas, por ejemplo, el euro frente al dólar (EUR/USD). La idea es comprar una divisa cuando crees que su valor subirá frente a otra, o venderla cuando piensas que su valor caerá. Los precios en el mercado de divisas están influenciados por factores económicos, políticos y sociales, como las tasas de interés, la inflación y las políticas gubernamentales.

El atractivo del Forex radica en su liquidez, flexibilidad y la posibilidad de apalancamiento, lo que permite a los traders controlar grandes posiciones con una pequeña inversión inicial. Sin embargo, esto también aumenta el riesgo, ya que el apalancamiento puede amplificar tanto las ganancias como las pérdidas. Es un mercado adecuado para aquellos que disfrutan de una operativa activa y están dispuestos a aprende

Cómo operar en Forex

Operar en Forex (mercado de divisas) implica comprar y vender divisas con el objetivo de obtener beneficios a partir de las fluctuaciones en los tipos de cambio. Aquí te explico un enfoque básico y algunos pasos clave para operar en este mercado:

Entender los conceptos básicos

- Pares de divisas: En Forex, las divisas siempre se operan en pares (por ejemplo, EUR/USD). Compras la primera divisa (por ejemplo, EUR) y vendes la segunda (por ejemplo, USD).

- Pips: Es la unidad de medida en la que se miden los movimientos del precio de un par de divisas. En la mayoría de los pares, un pip es un cambio de 0.0001 en el precio.

- Spread: Es la diferencia entre el precio de compra (ask) y el precio de venta (bid). Un spread más bajo es favorable para el trader.

Elegir un corredor o bróker

- Para operar en Forex necesitas abrir una cuenta con un bróker (corredor de divisas). Elige uno que esté regulado y tenga buenas reseñas.
- Asegúrate de que ofrezca una plataforma de trading fiable (como MetaTrader 4 o 5).

Análisis del mercado

Hay dos tipos principales de análisis que puedes usar para tomar decisiones informadas:

- Análisis técnico: Consiste en estudiar los gráficos de precios e indicadores para identificar patrones y tendencias que indiquen movimientos futuros.

- Análisis fundamental: Se basa en estudiar los factores económicos, políticos y sociales que afectan a las divisas, como tasas de interés, políticas monetarias y noticias económicas.

Elige una estrategia de trading

Existen varias estrategias de trading en Forex. Algunas populares incluyen:

- Scalping: Implica realizar múltiples operaciones en cortos periodos de tiempo, buscando aprovechar pequeñas fluctuaciones en los precios.

- Day trading: Las posiciones se abren y cierran en el mismo día, sin dejar ninguna abierta durante la noche.

- Swing trading: Se mantienen las posiciones durante varios días para capturar movimientos de precio más grandes.

- Trading de tendencias: Se busca identificar y seguir la tendencia del mercado, comprando en tendencias alcistas y vendiendo en tendencias bajistas.

Gestiona el riesgo

La gestión del riesgo es crucial en Forex debido a la alta volatilidad del mercado. Algunas herramientas clave incluyen:

- Stop loss: Establece un nivel de precio en el que tu posición se cerrará automáticamente para limitar las pérdidas.

- Take profit: Establece un nivel de precio donde tu posición se cerrará para asegurar ganancias.

- Tamaño de la posición: Define cuánto arriesgarás en cada operación en relación con tu cuenta total (generalmente no más del 1-2%).

Comienza a operar en demo

La mayoría de los brókers ofrecen cuentas demo gratuitas donde puedes practicar tus habilidades sin arriesgar dinero real. Esto es muy recomendable para familiarizarte con la plataforma y las herramientas de análisis.

Pares de Divisas en Forex

Pares principales (con USD)

Estos pares incluyen al dólar estadounidense (USD) como una de las divisas principales. Son los más líquidos y populares.

- EUR/USD - Euro/Dólar estadounidense
- GBP/USD - Libra esterlina/Dólar estadounidense
- USD/JPY - Dólar estadounidense/Yen japonés
- USD/CHF - Dólar estadounidense/Franco suizo
- AUD/USD - Dólar australiano/Dólar estadounidense
- USD/CAD - Dólar estadounidense/Dólar canadiense
- NZD/USD - Dólar neozelandés/Dólar estadounidense

Pares menores (sin USD)

Estos pares no incluyen al dólar estadounidense, pero siguen siendo populares, generalmente con divisas de economías fuertes.

- EUR/GBP - Euro/Libra esterlina
- EUR/JPY - Euro/Yen japonés
- GBP/JPY - Libra esterlina/Yen japonés
- AUD/JPY - Dólar australiano/Yen japonés

- EUR/AUD - Euro/Dólar australiano
- GBP/AUD - Libra esterlina/Dólar australiano
- AUD/CHF - Dólar australiano/Franco suizo
- NZD/JPY - Dólar neozelandés/Yen japonés

Pares exóticos

Los pares exóticos son aquellos que incluyen una divisa de una economía emergente o más pequeña junto con una de las principales. Tienen menos liquidez y mayores spreads.

- USD/TRY - Dólar estadounidense/Lira turca
- EUR/TRY - Euro/Lira turca
- USD/SGD - Dólar estadounidense/Dólar de Singapur
- USD/ZAR - Dólar estadounidense/Rand sudafricano
- USD/HKD - Dólar estadounidense/Dólar de Hong Kong
- USD/THB - Dólar estadounidense/Baht tailandés
- EUR/ZAR - Euro/Rand sudafricano
- GBP/ZAR - Libra esterlina/Rand sudafricano
- USD/MXN - Dólar estadounidense/Peso mexicano
- USD/INR - Dólar estadounidense/Rupia india
- EUR/MXN - Euro/Peso mexicano
- USD/BRL - Dólar estadounidense/Real brasileño

Principales divisas en Forex

Aquí están las divisas más comunes que se utilizan en los pares de divisas mencionados:

- USD - Dólar estadounidense
- EUR - Euro
- GBP - Libra esterlina
- JPY - Yen japonés
- AUD - Dólar australiano
- CAD - Dólar canadiense
- CHF - Franco suizo
- NZD - Dólar neozelandés
- SGD - Dólar de Singapur
- HKD - Dólar de Hong Kong
- MXN - Peso mexicano
- INR - Rupia india
- TRY - Lira turca
- ZAR - Rand sudafricano
- THB - Baht tailandés
- BRL - Real brasileño

Puntos importantes en Forex

Pips: últimos decimales de la cotización (precio).

Spread: comisión que pide el bróker por permitirte negociar.

Lotaje: cantidad invertida.

Stop loss: cantidad máxima que estamos dispuestos a perder.

Take profit: toma de beneficios para el cierre con ganancias

Puede que no lo sepas, pero probablemente hayas formado parte del mercado Forex al menos una vez en tu vida. Digamos que está planeando unas vacaciones en Estados Unidos, y necesitas cambiar el dinero que vas a llevar, de libras (GBP) a dólares americanos (USD).

El lunes, encuentras un establecimiento de cambio de divisas y ves que la tasa de cambio para GBP/USD es de $1.45. Esto quiere decir que por cada Libra que cambies, obtendrás a cambio $1.45 dólares. Te gastas 100 para obtener $145.

Sin embargo, haces la misma operación una par de semanas después y te das cuenta de que la tasa de cambio para el GBPUSD/USD es ahora de $1.60. Por tus 100€ ahora obtienes $160 – $15 más – de haberlo sabido habrías esperado a la subida de la Libra contra el dólar para cambiar el dinero.

Las tasas de cambio en las divisas fluctúan continuamente por diversos factores como la potencia económica de un país. Lo que buscan los traders de forex es aprovechar estas fluctuaciones especulando en si los precios subirán o bajarán. Todos los pares de forex se cotizan en términos de una divisa contra otra. Cada par de divisas tiene una "principal", que es como se denomina a la primera divisas, y una "contrapartida", que es como se denomina a la segunda divisa.

Cada divisa puede fortalecerse (apreciarse) o debilitarse (depreciarse). Como hay dos divisas en cada par, esencialmente especulamos con cuatro variables en cuanto al trading de forex.

Si crees que el valor de una divisa volverá a subir contra otra, te pones largo o "compras" esa divisa. Si crees que el valor de una divisa bajará contra otra, te pones corto o "vendes" esa divisa.

Así que por ejemplo, si creías que el USD se fortalecería (apreciaría) contra el JPY, te pondrías largo o comprarías el par USD/JPY. También comprarías si creyeras que el JPY se debilitaría (depreciaría) contra el USD. Y también al contrario, si pensabas que el JPY se fortalecería contra el USD, o que el USD se debilitaría frente al JPY, venderías o te pondrías corto de USD/JPY.

Apalancamiento en Forex

El apalancamiento te permite obtener una mayor exposición al mercado con un depósito inicial relativamente pequeño. Siempre que veas un porcentaje como 5% o 10:1 en lo referente al depósito inicial, se refiere a la cantidad de apalancamiento disponible en ese mercado en concreto.

Vamos a explicarlo comparándolo con la inversión tradicional. Por ejemplo, si quisieras comprar 10.000 acciones de Barclays, y su precio es de 280 céntimos, el precio total de la inversión sería de 28.000€ - sin incluir la comisión u otras tarifas que tu broker te cargará por la transacción.

Sin embargo, con la operativa CFD, solo necesitarías un pequeño porcentaje del valor total de la operación para abrir una operación y mantener el mismo nivel de exposición. En algunasplataformas de trading dan un apalancamiento de 10:1 (o 10%) en las acciones de Barclays, por lo que únicamente necesitarías hacer un depósito inicial de 2.800€ para operar la misma cantidad.

Si el precio de la acción de Barclays sube un 10% hasta los 308 céntimos, el valor de la posición pasaría a ser de 30.800€. Por lo que con un depósito inicial de solo 2.800€, esta operación con CFDs te habría dejado un beneficio de 2.800€. Eso es un retorno de tu inversión del 100%, comparado con el retorno del 10% que habrías obtenido con las acciones físicas.

Beneficios del apalancamiento:

- El apalancamiento te permite obtener el máximo de tu presupuesto de inversión al ser capaz de operar grandes posiciones utilizando únicamente una fracción del valor de la operación como depósito inicial.

- También puedes introducir posiciones mucho mayores de lo que podrías hacerlo con las compras físicas.

- Tu retorno proporcional a tu inversión inicial es mucho mayor.

- Haz que tu capital vaya más allá al invertir en una amplia gama de diferentes activos.

Pips

Un pip es el cambio de precio más pequeño que puede hacer un mercado. El tamaño del pip cambia dependiendo del mercado en el que estemos.

Por ejemplo, te darás cuenta de que la mayor parte de las divisas se cotizan hasta en cuatro decimales - lo que quiere decir que el GBPUSD, cuando se mueve de 1.2545 a 1.2546, se ha movido un pip. Sin embargo un pip en el par USDJPY es equivalente al movimiento en el precio de un 0.01, ya que este par en particular solo se cotiza con dos decimales.

Puedes determinar cuánto ganarás o perderás por pip utilizando el tamaño del lote para establecer el volumen de tu operativa. Por ejemplo, una transacción de un lote en EURUSD te da un valor de pip de 7.62€.

Lo que esto quiere decir es que si el mercado se mueve a tu favor 10 pips, podrías generar un beneficio de 76.20€ (7.62x10). Pero del mismo modo, si el mercado se mueve en tu contra 10 pips, entonces podrías producir una pérdida de 76.20€ (7.62x10).

Bid y ask

Cuando operamos en mercados financieros se nos proporcionan dos tipos de precios: el ask (compra) y el bid (venta).

El bid price siempre es inferior al ask price, y la diferencia entre ellos es lo que se llama spread, que también es el coste de apertura de una posición en cualquier mercado.

Como ejemplo, si la ventana del mercado en tu plataforma de trading cotiza EURUSD a 1.13956/1.13961, quiere decir que el precio bid es de 1.13956 y el precio ask es de 1.13961.

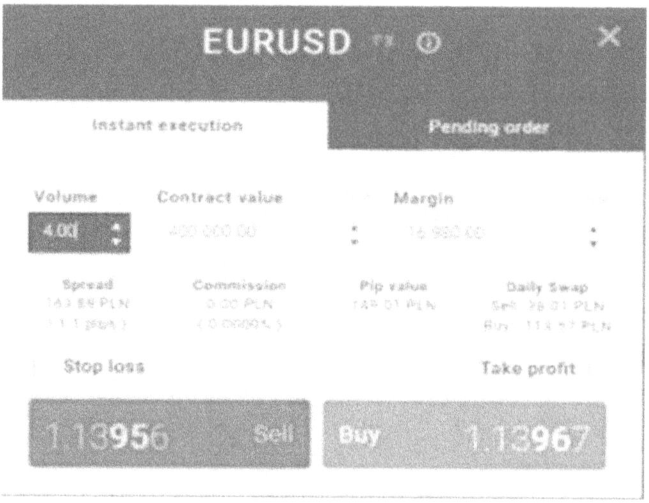

Spread

El spread en los mercados financieros es la diferencia entre el precio de compra (ask) y el de venta (bid) de un instrumento. Cuando introducimos una operación en el mercado, el spread también es el precio principal de la posición. Cuanto más ajustado esté el spread, más bajo será el coste de la operativa. Cuanto más amplio sea el spread, más alto será el coste. También puedes ver el spread como la distancia mínima hacia la que se tiene que mover el mercado en tu favor antes de poder empezar a obtener beneficios.

Por ejemplo, digamos que nuestro mercado EURUSD cotiza con un precio de compra de 1.0984 y el precio de venta es de 1.0983, por lo que el spread se calcularía restando 1.0983 de 1.0984 - resultando un spread total de 0.0001 o 1 pip. Una vez introducida la operación en el mercado EURUSD, si mercado se mueve al menos 1 pip a tu favor, es cuando tu posición puede empezar a generar beneficios. Ésta es también la razón por la que cuando introduces la primera operación, comenzarás con pérdidas.

Terminología Esencial en el trading

- **Activo:** Cualquier bien o valor que se negocia en los mercados financieros, como acciones, divisas, materias primas o criptomonedas.

- **Análisis Técnico:** Método que se basa en el estudio de gráficos de precios y volumen para predecir futuros movimientos del mercado.

- **Análisis Fundamental:** Evaluación de un activo basándose en factores económicos, financieros y otros elementos externos, como las ganancias de una empresa o eventos macroeconómicos.

- **Volatilidad:** Medida de cuánto varía el precio de un activo en un período de tiempo determinado. Alta volatilidad significa movimientos bruscos en el precio, mientras que baja volatilidad indica movimientos más suaves.

- **Liquidez:** La facilidad con la que un activo puede ser comprado o vendido sin que afecte drásticamente su precio. Un mercado líquido tiene muchas órdenes de compra y venta.

- **Spread:** La diferencia entre el precio de compra (bid) y el precio de venta (ask) de un activo. Un spread menor indica un mercado más eficiente.

- **Stop Loss:** Orden que cierra automáticamente una operación cuando el precio alcanza un nivel predeterminado, con el fin de limitar las pérdidas.

- **Take Profit:** Orden que cierra una operación cuando el precio alcanza un nivel favorable, asegurando ganancias.

- **Apalancamiento:** Uso de fondos prestados para aumentar la exposición a un activo. Aunque puede aumentar las ganancias, también incrementa el riesgo de pérdidas.

- **Tendencia:** La dirección general del mercado o del precio de un activo durante un periodo de tiempo, ya sea alcista (ascendente) o bajista (descendente).

- **Patrones Chartistas:** Formaciones en un gráfico de precios que sugieren posibles movimientos futuros del mercado. Ejemplos incluyen el doble techo, el hombro-cabeza-hombro y los triángulos.

- **Soporte y Resistencia:** Niveles de precios en los que el activo tiende a detener su movimiento descendente (soporte) o ascendente (resistencia), marcando zonas donde el precio tiende a revertir.

- **Riesgo/Beneficio:** Relación entre el riesgo asumido y la posible recompensa de una operación. Una buena gestión de riesgo busca minimizar pérdidas mientras se maximizan las ganancias.

- **Orden de Mercado:** Una orden para comprar o vender un activo al precio disponible más cercano.

- **Orden Limitada:** Una orden para comprar o vender un activo a un precio específico o mejor.

- **Broker:** Es la plataforma o empresa que facilita las transacciones entre el trader y el mercado. Los brokers cobran comisiones o spreads por sus servicios.

- **Cuenta Demo:** Tipo de cuenta que utilizan los traders novatos para practicar sin arriesgar dinero real. Permite experimentar con las operaciones en condiciones de mercado reales, pero usando dinero ficticio.

- **Overnight:** Se refiere a las operaciones que permanecen abiertas durante la noche, es decir, que no se cierran antes del cierre del mercado, lo que puede implicar riesgos debido a posibles movimientos fuera del horario normal.

- **Margin Call:** Ocurre cuando el saldo de la cuenta de un trader cae por debajo de un cierto nivel mínimo requerido, lo que obliga a añadir más fondos a la cuenta o cerrar operaciones para evitar más pérdidas.

- **Hedge:** Estrategia utilizada para reducir el riesgo de una operación mediante la apertura de una posición opuesta a la existente. Es como un seguro contra posibles movimientos adversos del mercado.

- **Short Selling (Venta Corta):** Estrategia en la que un trader vende un activo que no posee, con la intención de comprarlo más tarde a un precio más bajo, obteniendo ganancias de la caída del precio.

- **Bullish / Bearish:** Se refiere a la dirección de una tendencia. "Bullish" (alcista) significa que el mercado o el precio de un activo está subiendo, mientras que "Bearish" (bajista) significa que está bajando.

- **Candle Stick (Velas):** Representaciones gráficas de los movimientos del precio en un período determinado. Cada vela muestra el precio de apertura, el precio de cierre, el precio más alto y el más bajo alcanzado en ese período.

- **Pip:** Es la unidad de medida de cambio en el valor de un par de divisas. Generalmente, equivale a un movimiento de 0.0001 en el valor de un par de divisas.

- **Drawdown:** Se refiere a la caída del valor de una cuenta desde su punto más alto hasta su punto más bajo. Es un indicador clave del riesgo.

- **Scalping:** Estrategia de trading que se basa en realizar muchas operaciones rápidas, generalmente con pequeños beneficios en un corto período de tiempo.

- **Day Trading:** Estrategia que implica abrir y cerrar operaciones dentro del mismo día, sin dejar posiciones abiertas durante la noche.

- **Swing Trading:** Estrategia que busca capturar movimientos más grandes en un período de días o semanas. Los traders de swing buscan aprovechar las fluctuaciones del mercado a mediano plazo.

- **News Trading (Trading de Noticias):** Estrategia que se basa en operar según las noticias económicas o eventos relevantes que puedan afectar el mercado, como los informes de ganancias o los anuncios de política monetaria.

- **FOMO (Fear of Missing Out):** Emoción que puede llevar a los traders a tomar decisiones impulsivas por miedo a perderse una oportunidad, lo que puede resultar en operaciones mal calculadas.

- **Lote (Lot):** Unidad estándar de medida en el trading, especialmente en el mercado de divisas. En Forex, un lote estándar equivale a 100,000 unidades de la moneda base.

- **Estrategia de Momentum:** Estrategia que busca operar en la dirección de una tendencia fuerte, basándose en la idea de que los precios seguirán moviéndose en la misma dirección durante un tiempo.

- **Tasa de Interés:** El costo del dinero, generalmente fijado por los bancos centrales. Las tasas de interés influyen en los movimientos del mercado, especialmente en el mercado de divisas.

- **Rebote:** Movimiento del precio de un activo que va en contra de la tendencia previa, pero no lo suficiente como para cambiarla. Es una corrección temporal.

- **Consolidación:** Período en el que el precio de un activo se mueve dentro de un rango estrecho, sin una tendencia clara, lo que puede preceder a una ruptura hacia arriba o hacia abajo.

- **Blockchain:** Tecnología subyacente de las criptomonedas; un registro descentralizado de transacciones.

- **Crypto Wallet:** Billetera digital para almacenar y gestionar criptomonedas. Puede ser caliente (online) o fría (offline).

- **Private Key:** Clave secreta que otorga acceso a tus criptomonedas. Es crucial mantenerla segura.

- **Public Key:** Dirección pública que se usa para recibir criptomonedas, como un número de cuenta bancaria.

- **Altcoins:** Cualquier criptomoneda que no sea Bitcoin. Ejemplos populares son Ethereum, Ripple y Litecoin.

- **Mining:** Proceso de validación de transacciones en la blockchain mediante resolución de problemas computacionales, realizado por mineros.

- **Proof of Work:** Mecanismo de consenso que requiere que los mineros resuelvan problemas matemáticos para validar transacciones. Utilizado por Bitcoin.

- **Proof of Stake:** Mecanismo de consenso que valida transacciones en función de la cantidad de criptomonedas en "staking". Usado por criptomonedas como Ethereum 2.0.

- **Token:** Unidad de valor emitida por un proyecto de criptomonedas, que puede representar diferentes activos.

- **ICO:** Oferta inicial de monedas, una forma de crowdfunding en la que se emiten tokens a cambio de dinero o criptomonedas.

- **DEFI:** Finanzas descentralizadas; servicios financieros construidos sobre blockchains sin necesidad de intermediarios tradicionales.

- **Dapp:** Aplicaciones descentralizadas que operan sobre una blockchain, sin control de una entidad central.

- **Fork:** Cambio en las reglas de la blockchain, creando una nueva versión de la criptomoneda. Puede ser un hard fork o soft fork.

- **Stablecoin:** Criptomoneda cuyo valor está vinculado a un activo estable, como el dólar, para mantener su estabilidad.

- **HODL:** Estrategia de mantener criptomonedas a largo plazo, independientemente de la volatilidad del mercado.

- **Whale:** Inversor o trader que posee una gran cantidad de una criptomoneda y puede influir en el mercado.

- **Pump and Dump:** Estrategia manipulativa en la que se infla el precio de una criptomoneda para luego venderla a precios altos.

- **Liquidity Pool:** Grupo de fondos bloqueados en un contrato inteligente para facilitar el intercambio en plataformas descentralizadas.

- **Slippage:** Diferencia entre el precio esperado de una orden y el precio al que se ejecuta realmente, especialmente en mercados volátiles.

- **Gas Fees:** Tarifas que se deben pagar para ejecutar transacciones o contratos inteligentes en una blockchain, como Ethereum.

- **Staking:** Proceso de mantener criptomonedas bloqueadas en una billetera para ayudar a validar transacciones en una blockchain Proof of Stake.

Capítulo 4: Psicología del Trading

La psicología del trading es un aspecto crucial que muchos principiantes subestiman. En su esencia, se trata de cómo las emociones, pensamientos y creencias pueden influir en nuestras decisiones a la hora de comprar o vender en los mercados financieros. Aunque aprender a leer gráficos y entender patrones es importante, la mentalidad de un trader puede ser el factor decisivo entre el éxito y el fracaso. El miedo y la codicia son las emociones más comunes que afectan a los traders, llevándolos a decisiones impulsivas que, en muchos casos, resultan en pérdidas. Por eso, un trader exitoso no solo debe tener un plan claro y estrategias definidas, sino también la disciplina mental para seguirlas sin dejarse llevar por las emociones del momento. Desarrollar una mentalidad sólida implica aprender a controlar estas emociones, mantener la calma bajo presión y apegarse a las reglas del juego, incluso cuando los mercados se vuelven impredecibles.

La importancia del control emocional en el éxito

El control emocional es uno de los pilares más importantes para alcanzar el éxito en el trading. En un entorno donde los mercados pueden ser volátiles e impredecibles, las emociones como el miedo, la ansiedad o la euforia pueden nublar el juicio y llevar a tomar decisiones impulsivas. Un trader que actúa con base en sus emociones, como vender en pánico ante una pequeña pérdida o comprar por codicia en un repunte, tiende a desviarse de su plan original y aumentar su riesgo de fracaso. El éxito en el trading no depende únicamente de una buena estrategia técnica, sino de la capacidad para mantener la calma y seguir un plan estructurado, incluso cuando el mercado parece ir en contra. Desarrollar un control emocional sólido te permitirá tomar decisiones más racionales, evitar errores comunes y mantener la consistencia a lo largo del tiempo.

Pensamiento Racional vs. Pensamiento Emocional

El pensamiento racional y el pensamiento emocional son dos enfoques opuestos que influyen en nuestras decisiones en el trading. El pensamiento racional se basa en la lógica, el análisis y la objetividad. Cuando un trader opera de forma racional, sigue un plan predefinido, analiza los datos del mercado de manera imparcial y toma decisiones fundamentadas en estrategias y análisis técnico o fundamental. Este tipo de pensamiento permite mantener la disciplina, evitar impulsos y gestionar el riesgo de manera adecuada.

Por otro lado, el pensamiento emocional está influenciado por los sentimientos y las reacciones impulsivas. Aquí entran en juego emociones como el miedo a perder dinero o la codicia por ganar más, lo que puede llevar a decisiones precipitadas como entrar o salir del mercado en el momento equivocado. El problema con el pensamiento emocional es que puede llevar a cometer errores costosos, ya que no se basa en un análisis objetivo, sino en reacciones inmediatas ante la incertidumbre o el estrés.

Este capítulo es crucial ya que sinceramente tienes que prepararte mentalmente para este carrera, si no pones un alto a tus emociones, quizás seas un Trader Frustrado.

El miedo: cómo enfrentarlo y gestionarlo

El miedo es una de las emociones más comunes y poderosas que enfrenta cualquier trader, especialmente cuando se trata de perder dinero. Sin embargo, el miedo mal gestionado puede llevar a decisiones irracionales, como cerrar operaciones demasiado pronto o evitar oportunidades rentables por temor a fallar. Para enfrentarlo y gestionarlo adecuadamente, es fundamental primero reconocerlo. Admitir que sientes miedo es el primer paso para no dejar que controle tus acciones.

Una vez que lo reconoces, puedes comenzar a prepararte mejor. Esto implica tener una estrategia clara, definir los niveles de riesgo y establecer puntos de entrada y salida previamente, de modo que cuando el mercado se mueva, no actúes impulsivamente. Otra técnica útil es el uso de stop-loss automáticos, que te ayudan a limitar las pérdidas sin tener que tomar decisiones en el calor del momento.

Además, el miedo tiende a reducirse con la experiencia. Cuanto más te familiarices con los movimientos del mercado y te enfrentes a situaciones difíciles, más control tendrás sobre tus emociones. La práctica y la educación continua también son herramientas clave para ganar confianza. En última instancia, gestionar el miedo no significa eliminarlo, sino aprender a tomar decisiones racionales incluso en su presencia.

La avaricia: un enemigo silencioso

La avaricia es un enemigo silencioso en el mundo del trading, porque a menudo se disfraza de ambición y puede llevar a la ruina si no se controla. Mientras que querer ganar más es natural, la avaricia se manifiesta cuando un trader no está satisfecho con ganancias razonables y comienza a tomar riesgos excesivos, esperando obtener recompensas aún mayores. Esto puede llevar a ignorar señales de advertencia, mantener una operación abierta por más tiempo del necesario o entrar en operaciones sin un análisis adecuado, simplemente por el deseo de maximizar las ganancias.

El problema con la avaricia es que te aleja de la disciplina y del plan de trading que has creado. En lugar de seguir tus reglas, comienzas a actuar impulsivamente, guiado por el deseo de obtener más. Esto aumenta la probabilidad de sufrir grandes pérdidas, ya que los mercados son impredecibles y no siempre siguen el camino que esperas.

Para evitar que la avaricia se convierta en un obstáculo, es importante fijar objetivos realistas y mantener la disciplina. Tener un plan que incluya cuándo tomar ganancias y cumplirlo es esencial para proteger tu capital. Recordar que el trading exitoso se basa en la consistencia a largo plazo, no en ganancias rápidas, te ayudará a mantener la avaricia bajo control.

La paciencia y la disciplina: pilares del trader exitoso

La paciencia y la disciplina son dos pilares fundamentales para todo trader exitoso, ya que operar en los mercados no se trata de obtener ganancias rápidas, sino de construir un camino consistente y sostenible a lo largo del tiempo.

La paciencia te permite esperar las oportunidades correctas. En el trading, no todos los días serán buenos para operar, y a veces, las mejores oportunidades pueden tardar en aparecer. Los traders impacientes tienden a abrir operaciones sin suficiente análisis o a perseguir el precio, lo que resulta en decisiones apresuradas y riesgos innecesarios. Tener paciencia implica saber esperar el momento adecuado para entrar o salir de una operación, manteniendo la calma cuando el mercado está inactivo o volátil.

Por otro lado, la disciplina es lo que te permite seguir tu plan de trading, incluso cuando el mercado o tus emociones te empujan a desviarte. Un trader disciplinado respeta los límites de riesgo, sigue sus reglas de entrada y salida, y no se deja llevar por la codicia o el miedo. La disciplina también es clave para gestionar las pérdidas, sabiendo cuándo aceptar una pérdida controlada en lugar de dejar que se convierta en algo mayor.

Cómo el estrés afecta tus decisiones

El estrés puede tener un impacto profundo en las decisiones de un trader, ya que bajo su influencia es fácil perder la claridad mental y tomar decisiones apresuradas o erróneas. En el trading, el estrés puede surgir de la presión constante por obtener resultados, la volatilidad de los mercados o las pérdidas acumuladas. Cuando un trader está estresado, su capacidad para analizar el mercado de manera objetiva disminuye, lo que lleva a respuestas impulsivas o excesivamente cautelosas.

El estrés crónico puede causar que los traders se salten sus estrategias, entren en operaciones sin suficiente análisis o cierren posiciones por miedo a perder más, incluso si el mercado se está moviendo a su favor. Además, puede nublar la toma de decisiones al aumentar la sensación de urgencia o la necesidad de "recuperar" lo perdido, lo que a menudo resulta en más errores.

Para mitigar el impacto del estrés, es esencial mantener una rutina estructurada, que incluya tiempo de descanso y actividades fuera del trading. Establecer límites claros de riesgo, usar herramientas como el stop-loss y practicar técnicas de manejo del estrés, como la meditación o el ejercicio físico, también puede ayudar a mantener la calma. Un trader que aprende a manejar el estrés puede tomar decisiones más equilibradas, ser más resistente ante las fluctuaciones del mercado y mantenerse enfocado en su plan a largo plazo.

Técnicas de reducción de estrés para traders

Reducir el estrés es fundamental para mejorar el rendimiento y la toma de decisiones en el trading. Aquí te dejo algunas técnicas efectivas que pueden ayudarte a gestionar el estrés y mantener la calma en los mercados:

Establece un plan de trading sólido: Tener una estrategia clara y bien definida reduce la incertidumbre y te permite operar con confianza, sabiendo que tus decisiones están respaldadas por análisis y reglas preestablecidas. Esto disminuye la presión de tener que tomar decisiones improvisadas.

Usa herramientas de gestión de riesgos: Implementar órdenes de stop-loss y take-profit ayuda a limitar tus pérdidas y asegurar ganancias. Saber que tienes un control claro sobre el riesgo te da tranquilidad y te permite operar sin el miedo constante de perder grandes sumas.

Toma descansos regulares: El trading puede ser agotador, especialmente en mercados volátiles. Programar descansos cortos para alejarte de la pantalla y despejar la mente te ayuda a evitar el agotamiento y tomar decisiones más claras cuando regreses.

Practica la meditación o la respiración profunda: Técnicas como la meditación, la respiración profunda o el mindfulness son útiles para reducir el estrés en momentos de alta tensión. Estas prácticas te permiten centrarte en el presente y reducir la ansiedad ante situaciones fuera de tu control.

Mantén una rutina de ejercicio físico: El ejercicio es una excelente forma de liberar el estrés acumulado. Realizar actividad física regularmente, ya sea correr, caminar o ir al gimnasio, te ayudará a reducir la tensión, mejorar el estado de ánimo y aumentar tu energía mental.

Desconéctate al final del día: Asegúrate de separar tiempo para relajarte fuera del mercado. Estar constantemente pendiente de los gráficos o las noticias financieras puede aumentar el estrés. Establecer un horario fijo para dejar de operar y desconectar mentalmente es clave para mantener un equilibrio saludable.

Duerme bien: La falta de sueño afecta tu capacidad de tomar decisiones y aumenta el estrés. Dormir lo suficiente te asegura estar mentalmente alerta y mejor preparado para enfrentar los desafíos del trading.

Dinero en mano

En el mundo del trading, uno de los principios más importantes que todo principiante debe entender es que solo se debe operar con dinero que esté dispuesto a perder. El trading es una actividad con altos riesgos, y aunque existen oportunidades de obtener ganancias, también es posible perder una parte o incluso todo el capital invertido.

Este concepto es fundamental para evitar un estrés innecesario y mantener una mentalidad adecuada al momento de tomar decisiones. Si una persona invierte dinero que necesita para sus gastos básicos, estará más propensa a tomar decisiones impulsivas y emocionales, lo que puede aumentar las pérdidas. Es por eso que es clave reservar solo una parte del dinero que no afecte su estilo de vida o su bienestar financiero, en caso de que las cosas no salgan como se espera.

Ver el trading como una inversión a largo plazo, en lugar de una apuesta inmediata, es clave para manejar las emociones y tener un enfoque más racional. Con esta mentalidad, el trader estará preparado para aceptar las pérdidas como parte del proceso de aprendizaje y mejora, sin que eso represente una carga financiera significativa.

Por favor, no utilices el dinero que tienes para tu familia, o que hayas guardado para alguna emergencia, en esta profesión muchos pierden su dinero porque entran en operación sin saber nada del Trading.

El impacto emocional de las pérdidas y ganancias

El impacto emocional de las pérdidas y ganancias en el trading puede ser más profundo de lo que muchas personas anticipan. Cuando comienzas a operar, es natural sentir euforia tras una ganancia, pero también puede surgir una frustración intensa o incluso desesperación ante una pérdida. Ambas emociones, si no se controlan, pueden afectar negativamente las decisiones de un trader.

Las ganancias, aunque son deseadas, pueden crear una sensación falsa de invulnerabilidad. Un trader que ha experimentado varias operaciones exitosas puede volverse excesivamente confiado y empezar a tomar riesgos innecesarios, lo que podría llevar a pérdidas importantes. Por otro lado, las pérdidas suelen tener un efecto devastador en la mente de un trader, provocando miedo, dudas y una tendencia a actuar impulsivamente para "recuperar" el dinero perdido. Este ciclo emocional puede fácilmente llevar a más errores y, en última instancia, a mayores pérdidas.

Lo importante es desarrollar una mentalidad equilibrada y desapegada. Aprender a aceptar que las pérdidas son parte del proceso y que las ganancias no garantizan éxito continuo es clave para mantenerse emocionalmente estable. Los traders más exitosos no se dejan llevar ni por la euforia ni por la desesperación; en cambio, se enfocan en seguir su plan de trading con disciplina y en gestionar sus emociones de manera efectiva.

Manteniendo la calma bajo presión

Mantener la calma bajo presión es una habilidad crucial para cualquier trader, especialmente cuando los mercados son volátiles o las operaciones no van según lo planeado. La presión en el trading puede surgir de diversas fuentes: desde movimientos repentinos del mercado hasta el miedo a perder dinero. Sin embargo, la capacidad de manejar estas situaciones sin perder el control emocional marca la diferencia entre un trader que toma decisiones racionales y uno que actúa impulsivamente.

La clave para mantener la calma está en seguir un plan bien estructurado. Un trader que opera con una estrategia clara, con límites de riesgo bien definidos y objetivos realistas, tiene menos razones para entrar en pánico cuando el mercado se mueve en su contra. Saber exactamente cuándo salir de una operación, tanto en caso de ganancia como de pérdida, proporciona una sensación de control que reduce el estrés.

Además, es importante recordar que no todas las operaciones serán exitosas, y esto no define al trader ni su capacidad. Respirar profundamente, dar un paso atrás y analizar las decisiones desde una perspectiva objetiva puede ayudar a eliminar el ruido emocional que puede nublar el juicio. En resumen, la calma bajo presión no solo protege al trader de errores costosos, sino que también permite que las decisiones sean tomadas con claridad y confianza, incluso en los momentos más difíciles.

No todos los días se come carne

En el trading, es fundamental entender que no todos los días serán de ganancias. A pesar de tener una buena estrategia y disciplina, el mercado puede ser impredecible, y habrá días en los que las operaciones no resultarán como esperabas. Este es un concepto que muchos principiantes encuentran difícil de aceptar, ya que el deseo de obtener ganancias consistentes puede llevar a la frustración cuando se encuentran con pérdidas.

Es crucial adoptar una mentalidad a largo plazo. Las pérdidas son parte natural del proceso, y aprender de ellas es lo que realmente te ayuda a mejorar como trader. Intentar forzar ganancias todos los días, o tratar de recuperar una pérdida rápidamente, puede llevar a decisiones impulsivas que aumentan el riesgo y las pérdidas. Un trader exitoso entiende que el objetivo no es ganar en cada operación, sino ser consistente a lo largo del tiempo, manteniendo un equilibrio entre las ganancias y las pérdidas.

Aceptar que habrá días negativos y no dejar que esto afecte tu enfoque es parte de la madurez en el trading. Mantener una visión clara, seguir tu plan y evitar caer en emociones extremas son elementos clave para mantener la estabilidad y evitar el agotamiento emocional.

Capítulo 5: Ser rentable en el Trading

Ser rentable en el trading no es algo que se logre de la noche a la mañana. Requiere tiempo, disciplina y la aplicación de estrategias efectivas que se adapten a tu estilo y objetivos. No existe una única fórmula mágica para tener éxito en los mercados, ya que diferentes traders utilizan enfoques distintos, y lo que funciona para uno puede no ser adecuado para otro. Lo importante es encontrar la estrategia que mejor se ajuste a tu perfil como trader, tu tolerancia al riesgo y tus metas a largo plazo.

Entre las estrategias que pueden ayudarte a ser rentable, se encuentra el **interés compuesto**, un enfoque que se basa en reinvertir las ganancias para hacer crecer tu capital de manera exponencial con el tiempo. Esta estrategia aprovecha el efecto de "ganancias sobre ganancias", lo que significa que, a medida que obtienes rendimientos positivos, estos se suman al capital original, permitiendo que tu cuenta crezca de forma acumulativa. En este capítulo, profundizaremos en cómo aplicar el interés compuesto en tus operaciones y cómo esta técnica, cuando se usa correctamente, puede ser una poderosa herramienta para aumentar tus rendimientos a largo plazo.

Ser rentable no solo se trata de hacer grandes operaciones ocasionales, sino de mantener una consistencia que te permita generar resultados positivos de manera sostenida. Esto implica seguir tu plan de trading, gestionar el riesgo de manera adecuada y adaptar tus estrategias a las condiciones del mercado. Al explorar diferentes enfoques, como el interés compuesto, podrás identificar qué método te acerca más a tus objetivos y cómo usarlo para optimizar tus resultados en el tiempo.

Interés Compuesto en el Trading

El interés compuesto es una estrategia poderosa que permite que tus ganancias generadas en el trading se reinviertan para generar aún más beneficios. A diferencia del interés simple, donde solo obtienes rendimientos sobre tu inversión inicial, el interés compuesto te permite ganar "intereses sobre los intereses", acelerando el crecimiento de tu capital con el tiempo.

¿Cómo funciona en el trading?

En el trading, el interés compuesto se aplica cuando un trader reinvierte sus ganancias en cada operación, aumentando el tamaño de sus posiciones sin retirar el dinero. A medida que el capital crece, también lo hace el porcentaje de retorno, lo que puede llevar a un crecimiento exponencial.

Imaginemos que un trader comienza con un capital inicial de $1,000 y que cada día obtiene una ganancia del 5% sobre el capital disponible. En lugar de retirar sus ganancias, las reinvierte diariamente para generar un efecto de crecimiento exponencial.

Supongamos que un trader comienza con un capital de $1,000 y obtiene un 5% de ganancia diaria, reinvirtiendo todo en cada operación. A continuación, se muestra el crecimiento del capital día tras día.

Ejemplo de Interés Compuesto

Día 1	$1,000 × 1.05	$1,050.00
Día 2	$1,050.00 × 1.05	$1,102.50
Día 3	$1,102.50 × 1.05	$1,157.63
Día 4	$1,157.63 × 1.05	$1,215.51
Día 5	$1,215.51 × 1.05	$1,276.28
Día 6	$1,276.28 × 1.05	$1,340.10
Día 7	$1,340.10 × 1.05	$1,407.10
Día 8	$1,407.10 × 1.05	$1,477.46
Día 9	$1,477.46 × 1.05	$1,551.33
Día 10	$1,551.33 × 1.05	$1,628.89
Día 11	$1,628.89 × 1.05	$1,710.34
Día 12	$1,710.34 × 1.05	$1,795.86

Día 1	$1,000 × 1.05	$1,050.00
Día 2	$1,050.00 × 1.05	$1,102.50
Día 3	$1,102.50 × 1.05	$1,157.63
Día 13	$1,795.86 × 1.05	$1,885.65
Día 14	$1,885.65 × 1.05	$1,979.93
Día15	$1,979.93 × 1.05	$2,078.93
Día 16	$2,078.93 × 1.05	$2,182.87
Día 17	$2,182.87 × 1.05	$2,292.02
Día 18	$2,292.02 × 1.05	$2,406.62
Día 19	$2,406.62 × 1.05	$2,526.95
Día 20	$2,526.95 × 1.05	$2,653.30
Día 21	$2,653.30 × 1.05	$2,785.96
Día 22	$2,785.96 × 1.05	$2,925.26
Día 23	$2,925.26 × 1.05	$3,071.52
Día 24	$3,071.52 × 1.05	$3,225.10
Día 25	$3,225.10 × 1.05	$3,386.35
Día 26	$3,386.35 × 1.05	$3,555.67

Interes Compuesto para un Trader Principiante

Supongamos que quizas no tengas $1.000 para empezar, pero si tienes un pequeño capital que te permita hacer Trading diario, como por ejemplo $500 para iniciar en el Trading.

El interés compuesto puede ayudar a un trader principiante al permitirle hacer crecer su capital de manera exponencial sin necesidad de aumentar su inversión inicial. Aquí te explico cómo:

Ejemplo práctico para un principiante

Si un trader inicia con $500 y obtiene 3% diario, reinvirtiendo sus ganancias, en 60 días su capital se habría más que triplicado:

- Día 1: $500 × 1.03 = $515
- Día 10: $671
- Día 30: $1,213
- Día 60: $2,945

Ahora, también tenemos en cuenta que debemos de tomar gestionar un cierto grado de riesgo, en dado caso que llegues a perder, que la perdida sea lo menos posible, no permitas que pierdas más del 10% de lo invertido en una operación, algunos no se permiten ni el 5%.

Gestión de riesgo en el Trading

La gestión de riesgo es uno de los pilares más importantes para cualquier trader, ya que ayuda a proteger tu capital y minimizar las pérdidas. Al hacer trading en plataformas, es esencial que no solo te enfoques en ganar, sino también en controlar cuánto estás dispuesto a perder en cada operación. Una buena gestión del riesgo te permitirá mantenerte en el juego a largo plazo.

Conceptos clave en la gestión de riesgo

- **No arriesgar más del 1-2% por operación:** Los traders más experimentados suelen seguir la regla de no arriesgar más del 1-2% de su capital total en una sola operación. Esto significa que, incluso si pierdes varias veces, tu cuenta no se verá afectada de manera significativa.

- ****Usar un stop-loss:** Un stop-loss es una orden que cierras automáticamente tu operación si el precio del activo va en tu contra. Esto limita las pérdidas en una operación específica. Al definir el stop-loss, asegúrate de calcular cuánto puedes permitirte perder, basado en el tamaño de tu cuenta.

- **Tamaño de la posición:** Es fundamental ajustar el tamaño de la posición según el riesgo que estás dispuesto a asumir. El tamaño de la posición es el número de unidades (acciones, lotes, etc.) que compras o vendes.

Ejemplos de gestión de riesgo con menos de $1000

Ejemplo 1: Capital de $500

Supongamos que tienes una cuenta de trading con $500 y quieres asegurarte de no arriesgar más del 2% de tu capital en una sola operación.

2% de $500 = $10. Esto significa que, como máximo, estarías dispuesto a perder $10 en una operación.

Si decides comprar acciones de una empresa y el precio actual es de $50 por acción, puedes establecer tu stop-loss a $48, lo que significa que si el precio baja a $48, la plataforma cerrará la operación automáticamente.

- Diferencia entre tu precio de entrada ($50) y el stop-loss ($48) es de $2 por acción.

Para no perder más de $10, divides el riesgo total por la cantidad que estarías dispuesto a perder por acción:

- $10 ÷ $2 = 5 acciones. Entonces, comprarías 5 acciones para que tu pérdida total no supere los $10 si el precio baja.

Ejemplo 2: Capital de $1000

Ahora, imagina que tienes una cuenta de $1000 y aplicas la misma regla del 2% de riesgo por operación:

- 2% de $1000 = $20. Estás dispuesto a arriesgar $20 por operación.

Si estás operando en el mercado de divisas (forex) y decides comprar un par de divisas a $1.20 con un stop-loss en $1.18, la diferencia entre tu punto de entrada y tu stop-loss es de $0.02 por unidad. Para no perder más de $20, harías el siguiente cálculo:

- $20 ÷ $0.02 = 1000 unidades.

En este caso, podrías comprar 1000 unidades del par de divisas, sabiendo que, si el precio baja a $1.18, la plataforma cerrará la operación y habrás limitado tu pérdida a $20.

Ejemplo 3: Capital de $300

Supongamos que tienes una cuenta con solo $300 y decides operar en criptomonedas, por ejemplo, comprando bitcoin a $30,000 con un stop-loss en $29,700.

- La diferencia entre el precio de entrada ($30,000) y el stop-loss ($29,700) es de $300.

- Siguiendo la regla del 2%, solo puedes arriesgar $6 en esta operación (2% de $300).

Para saber cuánta cantidad de bitcoin podrías comprar sin superar ese riesgo, haces el cálculo:

$6 ÷ $300 = 0.02 unidades de bitcoin.

De esta manera, comprarías una fracción pequeña de bitcoin, asegurándote de que si el precio cae hasta el nivel del stop-loss, solo perderás los $6 que estabas dispuesto a arriesgar.

Resumen

- Determina el porcentaje de riesgo por operación (1-2% es lo recomendable).
- Define tu stop-loss antes de abrir una operación. Calcula el tamaño de la posición en función de tu nivel de riesgo.
- Usa el stop-loss y take-profit para automatizar la gestión de riesgo y asegurar ganancias cuando sea necesario.

Copy Trading

El mundo de las inversiones ha evolucionado con la llegada de nuevas tecnologías, permitiendo que incluso los principiantes puedan generar ganancias sin necesidad de ser expertos. Una de las estrategias más innovadoras en este ámbito es el copy trading, un método que permite a los inversores copiar automáticamente las operaciones de traders experimentados.

¿Qué es el Copy Trading?

El copy trading es una modalidad de inversión en la que un usuario replica las operaciones de otro inversor más experimentado. En pocas palabras, cada vez que el trader que se sigue realiza una compra o venta, la misma transacción se ejecuta automáticamente en la cuenta del inversor que lo copia.

Este sistema se ha vuelto popular en plataformas de trading social, como eToro, ZuluTrade y NAGA, que facilitan la conexión entre traders profesionales y principiantes.

¿Cómo Funciona el Copy Trading?

El proceso de copy trading es sencillo y consta de los siguientes pasos:

- Registro en una plataforma de copy trading: El usuario debe elegir una plataforma confiable que ofrezca esta funcionalidad.

- Selección de un trader exitoso: Se pueden analizar diferentes traders en la plataforma, revisando su rendimiento, estrategias y nivel de riesgo.

- Asignación de capital: El inversor decide cuánto dinero desea destinar para copiar las operaciones del trader seleccionado.

- Automatización de operaciones: Una vez configurado, todas las transacciones del trader elegido se replican automáticamente en la cuenta del inversor.

- Monitoreo y ajustes: Aunque el proceso es automático, es recomendable monitorear las operaciones y hacer ajustes si es necesario.

Ventajas del Copy Trading

El copy trading ofrece múltiples beneficios, entre los que destacan:

- Ideal para principiantes: No se requiere conocimiento avanzado en trading para empezar.

- Acceso a estrategias profesionales: Se puede seguir a traders experimentados sin necesidad de aprender técnicas complejas.

- Diversificación del portafolio: Se pueden copiar múltiples traders para reducir riesgos.

- Ahorro de tiempo: No es necesario estar constantemente analizando los mercados.

- Aprendizaje en tiempo real: Los inversores pueden observar las estrategias de los expertos y mejorar sus habilidades.

Riesgos del Copy Trading

A pesar de sus ventajas, el copy trading también conlleva riesgos:

- Dependencia de terceros: El éxito del inversor depende en gran parte del trader que copia.

- Pérdidas financieras: No todos los traders son exitosos, y las pérdidas pueden ser significativas.

- Costos adicionales: Algunas plataformas cobran comisiones por este servicio.

- Falsa seguridad: Confiar demasiado en otros traders puede hacer que el inversor no investigue ni aprenda sobre los mercados.

Plataformas de Copy Trading

eToro – Una de las más populares, permite copiar a traders en múltiples mercados (acciones, criptomonedas, forex, etc.).

ZuluTrade – Conecta con diferentes brokers y permite seguir estrategias de trading de expertos.

NAGA – Ofrece copy trading en criptomonedas, forex y acciones, con herramientas sociales.

Bybit Copy Trading – Especializada en criptomonedas, permite copiar operaciones de traders exitosos.

Binance Copy Trading (Binance Futures) – Disponible para el mercado de futuros de criptomonedas.

OKX Copy Trading – Similar a Binance, permite seguir traders en el mercado cripto.

PrimeXBT Covesting – Un sistema de copy trading enfocado en criptomonedas y trading apalancado.

AvaTrade (AvaSocial) – Ofrece copy trading en forex y CFD mediante una app especializada.

FXTM Invest – Enfocado en forex y CFD, permite seguir estrategias de traders experimentados.
traders profesionales.

Apalancamiento en el Trading

El apalancamiento en el trading es una herramienta que permite a los traders controlar una posición más grande en el mercado con una cantidad de capital relativamente pequeña. Básicamente, es un préstamo que te otorga tu broker para incrementar tu exposición en una operación. Por ejemplo, si utilizas un apalancamiento de 1:10, significa que por cada dólar de tu capital propio, puedes controlar diez dólares en el mercado.

El apalancamiento puede multiplicar tanto las ganancias como las pérdidas, lo que lo convierte en una herramienta poderosa, pero también arriesgada. Si el mercado se mueve a tu favor, puedes obtener ganancias significativas. Sin embargo, si el mercado se mueve en contra, podrías perder más dinero del que invertiste inicialmente. Es por eso que es importante entender los riesgos y gestionar adecuadamente el tamaño de tus operaciones cuando utilizas apalancamiento.

Además, diferentes mercados y brokers ofrecen distintos niveles de apalancamiento. En general, los mercados más líquidos y menos volátiles, como el mercado de divisas, suelen permitir apalancamientos más altos, mientras que los mercados más volátiles pueden ofrecer apalancamientos más conservadores.

El uso responsable del apalancamiento es clave para proteger tu capital y tener éxito en el trading a largo plazo.

Plataformas que ofrecen Apalancamiento

Existen varias plataformas de trading que permiten el uso de apalancamiento para operar en diferentes mercados, como forex, acciones, criptomonedas, commodities y más. Algunas de las más populares son:

- MetaTrader 4 (MT4) y MetaTrader 5 (MT5)
- Binance
- Xbt
- Interactive Brokers
- Plus500
- Bitmex

Puedes acceder a cualquiera de estas plaatformas y verificar la información por ti mismo y saber por cual te decides, por ejemplo, si quieres hacer Trading con Criptomonedas puedes acceder **Bitmex o Binance,** pero si quieres hacer Trading con Acciones o futuros puedes ingresar a **Xbt.**

Grupos de señales en Telegram y otras plataformas: ¿Realmente funcionan?

En el mundo del trading, muchos buscan formas de ganar dinero sin tener que analizar gráficos o desarrollar estrategias propias. Es ahí donde entran los grupos de señales en plataformas como **Telegram, Discord y WhatsApp.** Estos grupos ofrecen recomendaciones de compra y venta en diferentes mercados, como Forex, criptomonedas y acciones, con el objetivo de ayudar a los traders a tomar decisiones rápidas y supuestamente rentables.

¿Cómo funcionan?
Los administradores de estos grupos, que suelen ser traders con experiencia (o al menos así se presentan), envían señales con información como:

- Activo a operar (BTC/USD, EUR/USD, etc.).
- Punto de entrada (precio al que recomiendan comprar o vender).
- Stop loss y take profit (niveles de protección contra pérdidas y objetivos de ganancia).
- Plazo de la operación (corto, mediano o largo plazo).

Algunos grupos son gratuitos, mientras que otros requieren una suscripción mensual o pago único para acceder a señales "premium" con supuestamente mayor precisión.

¿Son realmente efectivos?

Depende. Existen grupos serios, administrados por traders profesionales que comparten señales basadas en análisis técnico y fundamental. Sin embargo, también hay muchos grupos fraudulentos, donde los administradores solo buscan atraer suscriptores, inflar precios de activos o incluso manipular mercados con señales falsas.

¿Vale la pena unirse a estos grupos?

Si eres principiante, pueden ser útiles para aprender estrategias y analizar cómo operan otros traders. Sin embargo, lo ideal es que no dependas totalmente de ellos y desarrolles tu propia capacidad de análisis. El mejor trader no es el que sigue señales, sino el que sabe cuándo y por qué entrar en una operación.

Algunos puntos a considerar antes de confiar en un grupo de señales:

- No hay garantías de ganancias. El trading siempre implica riesgos, y ninguna señal es 100% efectiva.
- Cuidado con los estafadores. Muchos grupos prometen retornos irreales para atraer suscriptores y luego desaparecen.
- Verifica la transparencia. Un buen grupo debería mostrar resultados pasados y explicar su metodología.
- No operes a ciegas. Usar señales sin entender el mercado puede hacer que pierdas dinero rápidamente.

Capítulo 6: Análisis Técnico para Novatos

El análisis técnico es una herramienta fundamental en el trading, utilizada por muchos traders para predecir los movimientos futuros de los precios basándose en datos históricos del mercado, principalmente a través de gráficos y patrones de precios. A diferencia del análisis fundamental, que se enfoca en los factores económicos o financieros de una empresa o activo, el análisis técnico se basa en el estudio del comportamiento del mercado. Este enfoque asume que toda la información relevante ya está reflejada en el precio, y que los patrones y tendencias pasadas tienden a repetirse.

El análisis técnico permite identificar tendencias, puntos de entrada y salida, y niveles clave de soporte y resistencia. Entre las herramientas más comunes se encuentran las medias móviles, el RSI (Índice de Fuerza Relativa), las Bandas de Bollinger, y los patrones de velas japonesas, entre otros. Estos indicadores pueden ayudarte a tomar decisiones más informadas y a mejorar tus posibilidades de éxito en el mercado.

Para realizar análisis técnico, existen varias plataformas disponibles. Una de las más populares es **TradingView,** que ofrece una amplia gama de gráficos y herramientas de análisis avanzadas, así como la posibilidad de compartir ideas con otros traders. Otras plataformas como MetaTrader, ThinkorSwim y NinjaTrader también son opciones sólidas para llevar a cabo un análisis técnico detallado. Estas plataformas permiten personalizar gráficos, aplicar diferentes indicadores y realizar análisis en tiempo real, brindándote la flexibilidad para adaptar las herramientas a tu estilo de trading.

El análisis técnico se sustenta en gran medida en la interpretación de gráficos, siendo las velas japonesas una de las herramientas más utilizadas para visualizar la acción del precio en el tiempo. Estas velas proporcionan una representación clara de los movimientos de los precios durante un período específico, mostrando la apertura, el cierre, el máximo y el mínimo del precio. Gracias a su simplicidad y efectividad, las velas japonesas han ganado una enorme popularidad entre los traders para identificar posibles reversiones de tendencias y determinar puntos de entrada y salida en una operación.

Dentro del análisis técnico, existen dos enfoques que suelen destacarse: el uso de indicadores y la búsqueda de patrones chartistas. Los indicadores son herramientas matemáticas que se aplican sobre los gráficos de precios para ayudar a los traders a tomar decisiones. Entre los más comunes se encuentran las medias móviles, que suavizan las fluctuaciones de precios para revelar tendencias, el RSI (Índice de Fuerza Relativa), que mide la fuerza de las tendencias y sugiere posibles zonas de sobrecompra o sobreventa, y el MACD (Convergencia/Divergencia de Medias Móviles), que ayuda a identificar cambios en el impulso del mercado.

Algunos traders prefieren un enfoque altamente técnico, cargado de indicadores, ya que les gusta confirmar sus decisiones utilizando varios datos a la vez. Este grupo de traders puede emplear una combinación de indicadores para filtrar las señales falsas y aumentar su precisión antes de abrir o cerrar una operación. Sin embargo, existe otro grupo de traders que opta por un enfoque más simplificado, basado casi exclusivamente en la observación de patrones chartistas. Estos traders se enfocan en identificar formaciones específicas en los gráficos, como el doble techo, el triángulo, el hombro-cabeza-hombro, entre otros, para anticipar movimientos futuros sin necesidad de utilizar tantos indicadores.

Ambos enfoques tienen sus ventajas y desventajas, y lo que funciona para un trader puede no ser efectivo para otro. La realidad es que cada trader tiene su propio estilo de operar y, con el tiempo, desarrolla una estrategia que le resulta más cómoda y rentable. Mientras algunos prefieren la claridad y precisión que los indicadores pueden ofrecer, otros encuentran más valor en la interpretación de los patrones de precios y las velas japonesas, buscando señales visuales claras para actuar.

Es importante destacar que no hay una única manera "correcta" de aplicar el análisis técnico. Lo fundamental es que cada trader aprenda a conocerse a sí mismo, entienda cómo maneja el riesgo y qué tipo de señales o herramientas le brindan más confianza para tomar decisiones. Ya sea que te inclines por el uso de múltiples indicadores o prefieras seguir las pistas que te da el precio a través de los patrones chartistas, el análisis técnico te ofrece un abanico de posibilidades para operar en los mercados de manera informada. Lo esencial es encontrar el equilibrio que te permita ser consistente y mantenerte fiel a tu estrategia.

En lo personal, me encanta trabajar con Patrones Chartistas ya que es una forma muy facil de hacer trading a corto plazo y largo plazo.

Ahora te estaras preguntando cuales son los patrones chartistas. aca te tengo un listado.

- **Doble Techo Bajista** - Double Top Bearish

- **Doble Suelo Alcista** - Double Bottom Bullish

- **Hombro-Cabeza-Hombro Bajista** - Head and Shoulders Bearish

- **Hombro-Cabeza-Hombro Invertido Alcista** - Inverted Head and Shoulders Bullish
- **Cuña Ascendente Bajista** - Rising Wedge Bearish

- **Cuña Descendente Alcista** - Falling Wedge Bullish
- **Triángulo Expansivo Bajista** - Expanding Triangle Bearish
- **Triángulo Expansivo Alcista** - Expanding Triangle Bullish
- **Triple Techo Bajista** - Triple Top Bearish
- **Triple Suelo Alcista** - Triple Bottom Bullish
- **Bandera Bajista** - Bearish Flag
- **Bandera Alcista** - Bullish Flag
- **Triángulo Expansivo Simétrico** - Symmetrical Expanding Triangle
- **Cuña Ascendente Bajista (repetido)** - Rising Wedge Bearish
- **Cuña Descendente Alcista (repetido)** - Falling Wedge Bullish
- **Triángulo Ascendente** - Ascending Triangle
- **Triángulo Descendente** - Descending Triangle
- **Rectángulo Bajista** - Bearish Rectangle

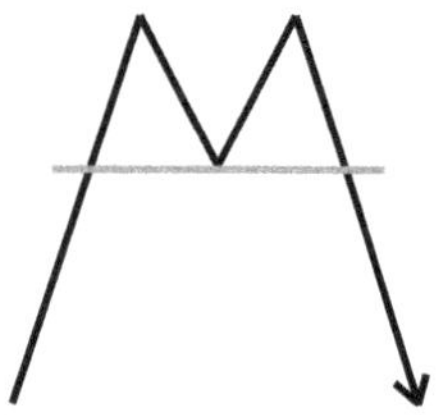

Bearish Double Top

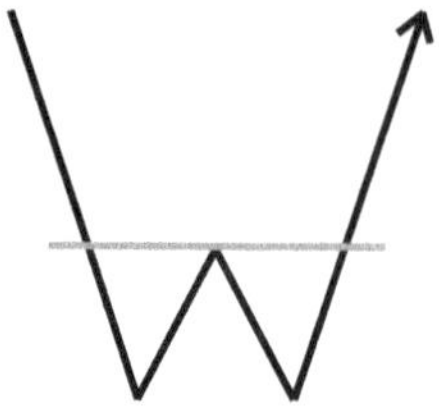

Bullish Double Bottom

Bearish Head and Shoulders

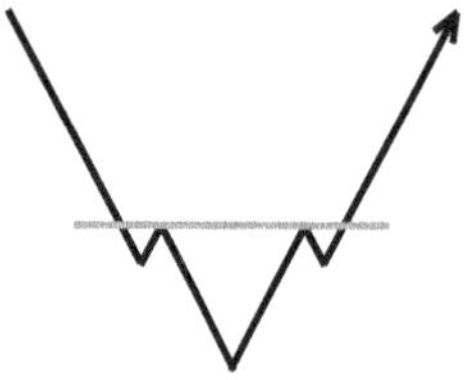

Bullish Inverted Head and Shoulders

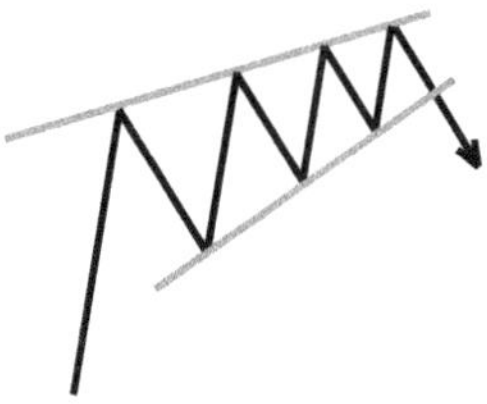

Bearish Rising Wedge

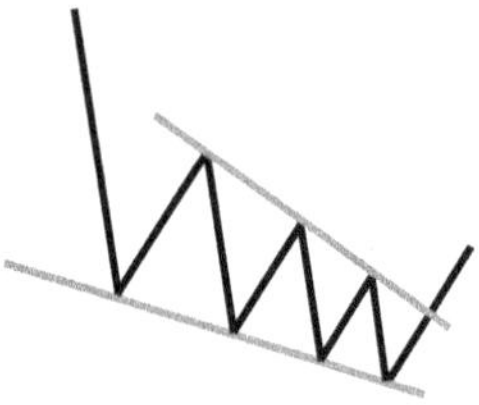

Bullish Falling Wedge

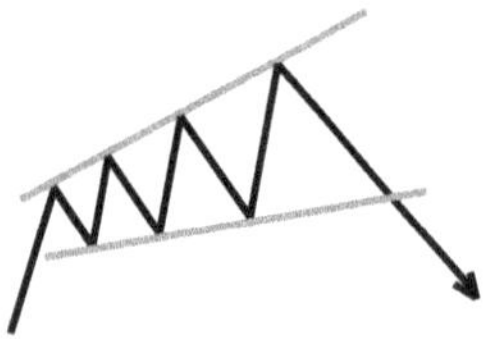

Bearish Expanding Triangle

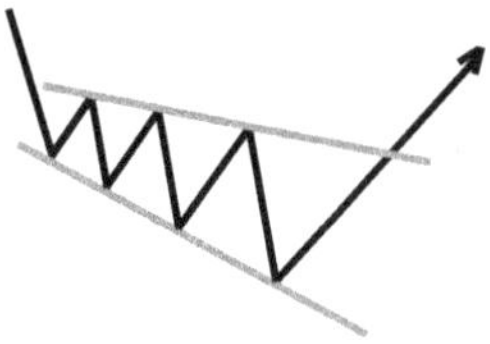

Bullish Expanding Triangle

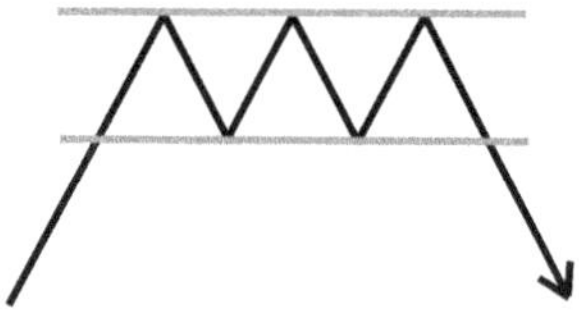

Bearish Triple Top

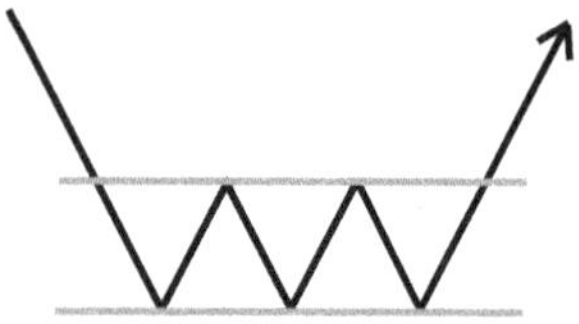

Bullish Triple Bottom

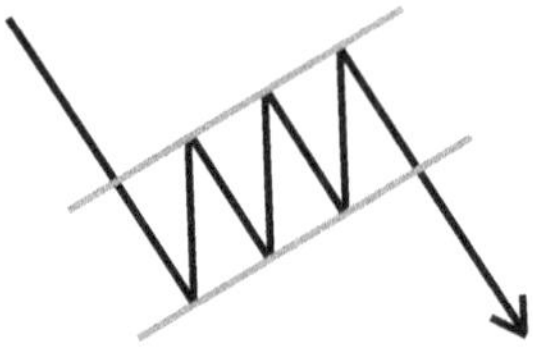

Bearish Flag

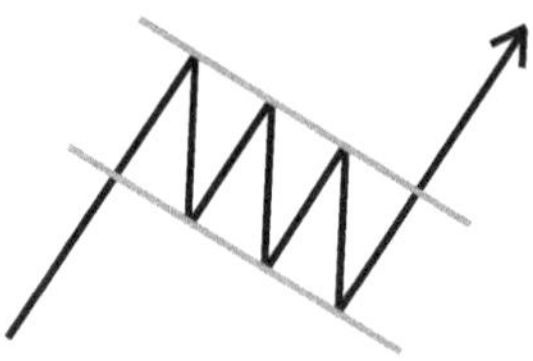

Bullish Flag

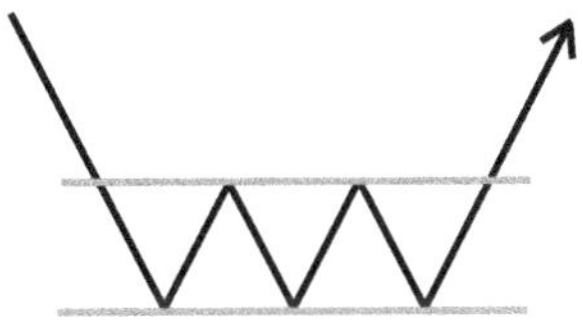
Bullish Triple Bottom

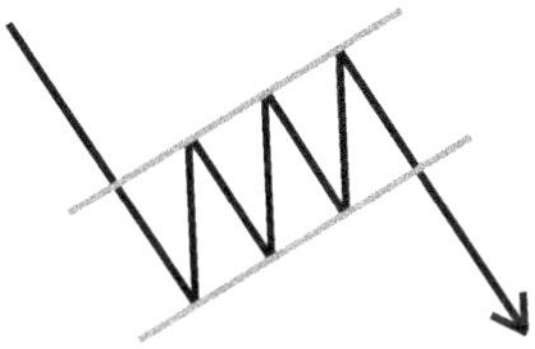
Bearish Flag

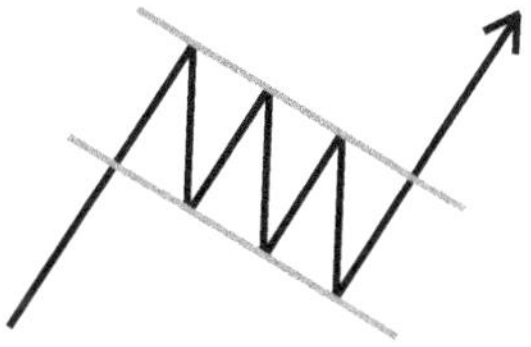
Bullish Flag

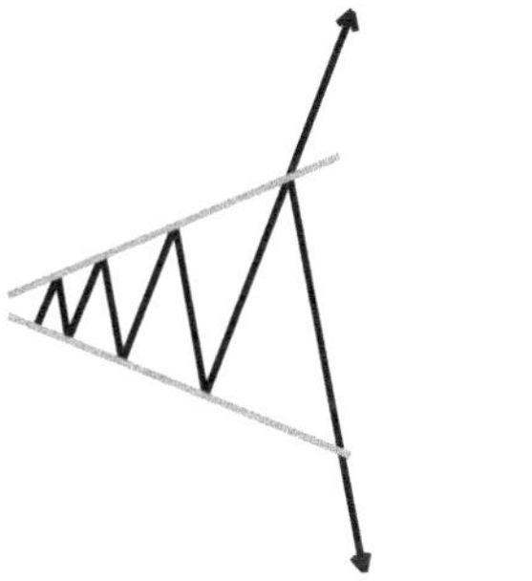
Symmetrical Expanding Triangle

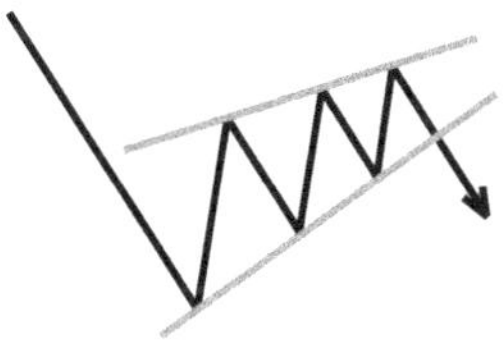
Bearish Rising Wedge

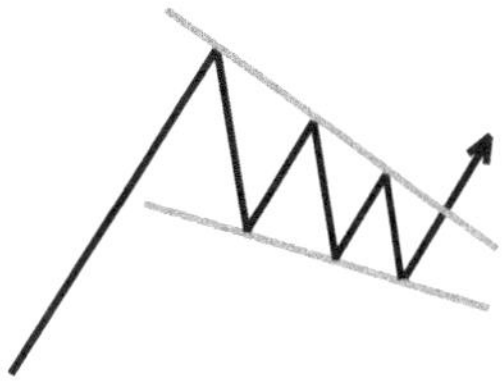
Bullish Falling Wedge

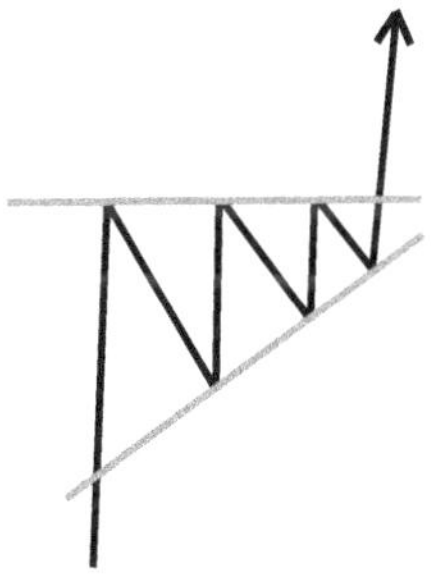
Ascending Triangle

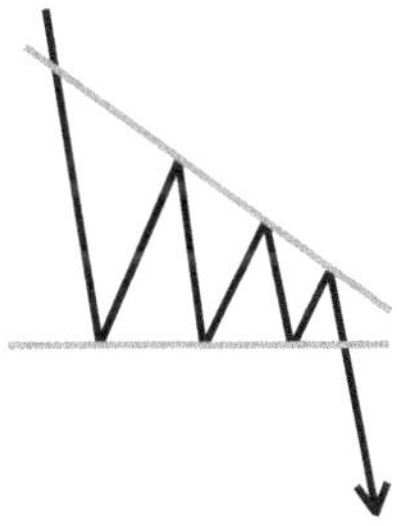
Descending Triangle

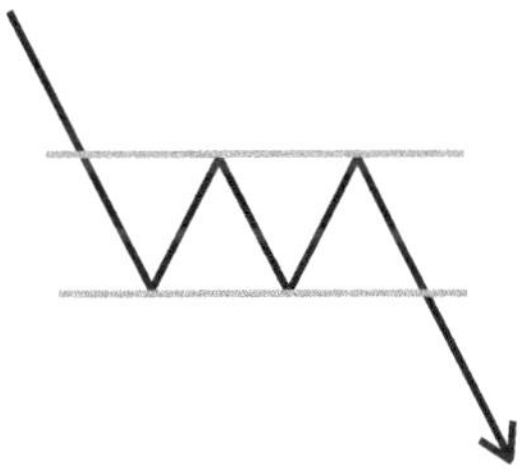
Bearish Rectangle

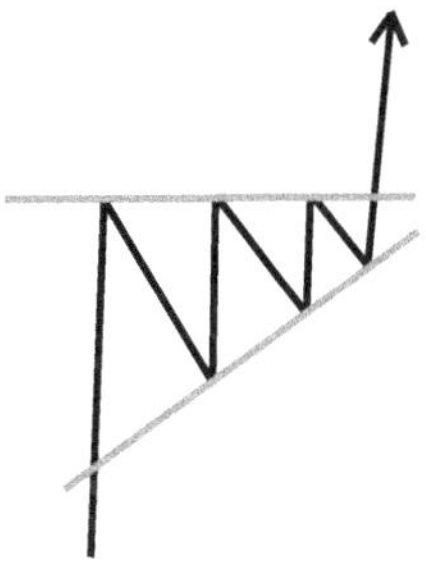
Ascending Triangle

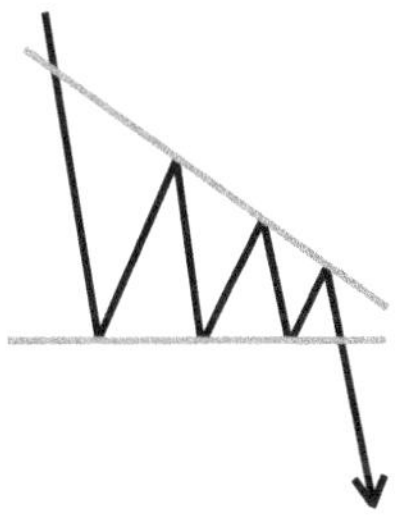
Descending Triangle

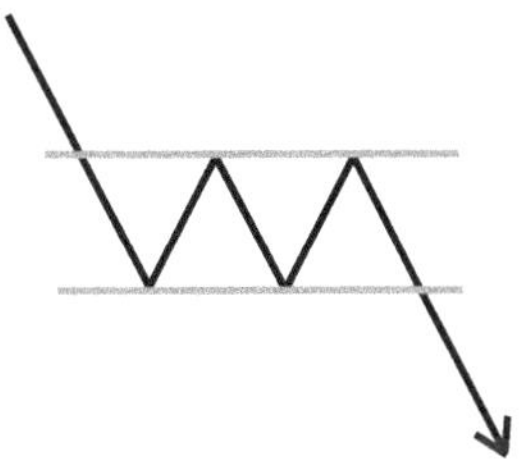
Bearish Rectangle

Los patrones chartistas son herramientas esenciales en el análisis técnico y, aunque están comúnmente asociados con el mercado de acciones, su aplicabilidad es universal. Estos patrones, que incluyen formaciones como el doble techo, la cuña ascendente, y los triángulos, son señales que reflejan el comportamiento de los precios y pueden ser observados en cualquier tipo de mercado: acciones, criptomonedas, divisas (forex) o incluso en futuros y commodities.

La razón por la que los patrones chartistas funcionan de manera efectiva en todos estos mercados es que se basan en el análisis de la psicología colectiva de los inversores. Los patrones representan momentos de indecisión o de cambio en las expectativas del mercado, y estas dinámicas son comunes independientemente de si estamos operando en el mercado de acciones de grandes empresas o en el volátil mercado de criptomonedas.

Por ejemplo, un patrón de "doble suelo" puede indicar una posible reversión alcista en cualquier activo, mientras que una "bandera bajista" sugiere la continuación de una tendencia a la baja, ya sea en Bitcoin, acciones de Tesla o en cualquier otra clase de activo financiero. Lo importante es que los traders pueden aplicar estos patrones en gráficos de diferentes activos, siempre y cuando el análisis se haga correctamente, tomando en cuenta el contexto y las características específicas de cada mercado.

Soportes y Resistencias

Los soportes y resistencias son dos conceptos clave en el análisis técnico del trading, utilizados para identificar niveles importantes en los que el precio de un activo tiende a detenerse o cambiar de dirección. Estos niveles ayudan a los traders a tomar decisiones sobre cuándo comprar o vender, y son especialmente útiles para anticipar movimientos futuros en los precios.

Soporte

El soporte es un nivel de precio en el que un activo tiende a detener su caída y, a menudo, cambia de dirección hacia arriba. Es como una "base" o "piso" donde el precio ha encontrado suficiente demanda (compradores) para evitar que siga bajando. Cuanto más veces el precio toque este nivel sin romperlo, más fuerte se considera ese soporte. Los traders suelen ver los soportes como buenas oportunidades para comprar, ya que suponen que el precio podría rebotar al alza desde ese punto.

Resistencia

La resistencia es lo contrario del soporte. Es un nivel en el que el precio de un activo tiende a detener su subida y, en muchos casos, revertirse a la baja. Aquí, la oferta (vendedores) supera la demanda, impidiendo que el precio suba más allá de este punto. Al igual que con los soportes, mientras más veces el precio toque este nivel sin romperlo, más fuerte se considera esa resistencia. Los traders suelen ver las resistencias como buenos puntos para vender, anticipando que el precio podría retroceder desde allí.

¿Cómo funcionan en conjunto?

Los soportes y resistencias no son números exactos, sino más bien zonas donde la acción del precio podría detenerse o revertirse. En la práctica, el precio puede romper un soporte o resistencia, lo que indica una posible continuación de la tendencia. Si el precio rompe un nivel de soporte importante, este podría convertirse en una nueva resistencia y viceversa, algo que se conoce como "cambio de roles". Los traders suelen combinar estos niveles con otros indicadores técnicos para aumentar la precisión de sus decisiones.

Importancia de los Soportes y Resistencias

La identificación de estos niveles permite a los traders ajustar sus estrategias de compra y venta, estableciendo objetivos de beneficios y gestionando el riesgo. Estos niveles actúan como guías para determinar cuándo abrir o cerrar posiciones, ayudando a identificar los momentos de mayor probabilidad de éxito en el mercado.

Son herramientas básicas pero poderosas que, cuando se combinan con otros elementos del análisis técnico, permiten entender mejor el comportamiento del mercado y optimizar la toma de decisiones.

Resistencia
Soporte

resistance level
ranging market
support level

Triángulo Ascendente: El triángulo ascendente es un patrón de continuación alcista que se forma cuando el precio establece máximos constantes y mínimos cada vez más altos. Este comportamiento indica que los compradores están tomando control progresivo del mercado, empujando el precio hacia niveles más altos, mientras que los vendedores defienden un nivel de resistencia horizontal. A medida que los compradores empujan el precio hacia la resistencia una y otra vez, se genera presión acumulada. La ruptura de este nivel de resistencia generalmente ocurre con un aumento significativo en el volumen de negociación, lo que valida el movimiento alcista. El objetivo de precio tras la ruptura suele medirse tomando la altura del triángulo en su punto más amplio y proyectando esa distancia desde el punto de ruptura. Este patrón refleja una creciente presión de compra y suele ser una señal de que el precio continuará su tendencia alcista, siempre y cuando la ruptura se confirme con un volumen adecuado.

Triángulo Ascendente

Triángulo Descendente: El triángulo descendente es un patrón de continuación bajista que sugiere que los vendedores están ganando terreno. Se caracteriza por una serie de máximos decrecientes que empujan el precio hacia abajo, mientras que los mínimos se mantienen relativamente estables en un nivel de soporte horizontal. Este patrón refleja la creciente debilidad de los compradores, que no logran impulsar el precio por encima de los máximos previos, mientras que los vendedores ejercen presión constante. La confirmación del patrón ocurre cuando el precio rompe el soporte horizontal, lo que sugiere una continuación de la tendencia bajista. La ruptura suele ir acompañada de un aumento en el volumen, lo que refuerza la validez del movimiento. Similar al triángulo ascendente, el objetivo de precio se calcula tomando la altura del triángulo y proyectándola desde el punto de ruptura hacia abajo. Este patrón sugiere una acumulación de fuerza vendedora y anticipa una caída significativa del precio una vez que se rompe el soporte clave.

Triángulo Desendente

Triángulo Simétrico: El triángulo simétrico es un patrón de consolidación que se forma cuando el mercado está en una fase de indecisión, lo que lleva a que el precio fluctúe entre una línea de tendencia descendente y una línea de tendencia ascendente. Los máximos son más bajos y los mínimos son más altos, lo que da lugar a la formación de un triángulo simétrico. Este patrón no indica una dirección clara por sí solo, ya que puede romperse tanto al alza como a la baja. La confirmación del movimiento ocurre cuando el precio rompe una de las dos líneas de tendencia, lo que marca el comienzo de un nuevo impulso. Una ruptura alcista suele ocurrir si el mercado está en una tendencia alcista previa, mientras que una ruptura bajista tiende a suceder si el mercado ya está en una tendencia bajista. La validez de la ruptura también suele confirmarse con un incremento en el volumen de negociación. Para calcular el objetivo de precio, se toma la altura del triángulo en su punto más amplio y se proyecta desde el punto de ruptura en la dirección de la tendencia. Este patrón es común en periodos de consolidación del mercado y representa una pausa antes de un movimiento significativo.

Triángulo Simétrico

Doble Techo (Double Top): El doble techo es un patrón de reversión bajista que se forma después de una tendencia alcista sostenida. Se caracteriza por dos picos consecutivos a un nivel similar, que actúan como resistencia. Después de cada pico, el precio retrocede y, tras el segundo pico, la incapacidad de romper este nivel de resistencia indica una posible inversión de tendencia. La confirmación del patrón ocurre cuando el precio rompe el nivel de soporte, que corresponde al mínimo formado entre los dos picos. El objetivo de precio se calcula midiendo la altura entre los picos y el nivel de soporte, proyectando esta distancia hacia abajo desde el punto de ruptura. Este patrón sugiere que los vendedores han ganado control y que una caída del precio es inminente.

Doble Suelo (Double Bottom): El doble suelo es un patrón de reversión alcista que aparece después de una tendencia bajista prolongada. Está compuesto por dos valles consecutivos en niveles similares, lo que indica que el nivel de soporte está siendo defendido por los compradores. Tras el segundo valle, si el precio rompe el nivel de resistencia correspondiente al máximo formado entre los dos valles, se confirma el patrón y sugiere una posible reversión de la tendencia bajista a alcista. El objetivo de precio se calcula midiendo la altura entre los valles y el nivel de resistencia, y proyectando esta distancia hacia arriba desde el punto de ruptura. Este patrón indica que los compradores han retomado el control y que es probable que el precio suba.

Doble Techo (Double Top)

Doble Suelo (Double Bottom)

Hombro-Cabeza-Hombro (Head and Shoulders): El patrón de hombro-cabeza-hombro es uno de los más confiables para identificar una reversión bajista. Se forma después de una tendencia alcista y consta de tres picos: un pico más alto en el medio (la "cabeza") y dos picos más bajos a los lados (los "hombros"). La línea de soporte que conecta los mínimos entre los hombros y la cabeza se conoce como la "línea de cuello". El patrón se confirma cuando el precio rompe esta línea de cuello, lo que sugiere que los compradores están perdiendo fuerza y los vendedores están tomando el control. El objetivo de precio se calcula midiendo la altura desde la cabeza hasta la línea de cuello y proyectando esa distancia hacia abajo desde el punto de ruptura.

Hombro-Cabeza-Hombro (Head and Shoulders)

Hombro-Cabeza-Hombro Invertido (Inverse Head and Shoulders): El patrón hombro-cabeza-hombro invertido es el opuesto al patrón tradicional y señala una reversión alcista después de una tendencia bajista. Está compuesto por tres valles: un valle más profundo en el medio (la "cabeza") y dos valles menos profundos a los lados (los "hombros"). La línea de resistencia que conecta los máximos entre los hombros y la cabeza se llama "línea de cuello". La confirmación del patrón ocurre cuando el precio rompe esta línea de cuello, lo que sugiere que los compradores han ganado fuerza y es probable que el precio continúe al alza. El objetivo de precio se calcula midiendo la altura desde la cabeza hasta la línea de cuello y proyectando esa distancia hacia arriba desde el punto de ruptura.

Hombro-Cabeza-Hombro Invertido (Inverse Head and Shoulders)

Cuña Ascendente (Rising Wedge): La cuña ascendente es un patrón de reversión bajista que se forma cuando el precio crea máximos y mínimos más altos, pero en un rango de precios cada vez más estrecho, lo que indica una disminución en el impulso alcista. Las líneas de tendencia que conectan los máximos y los mínimos convergen, formando una cuña inclinada hacia arriba. La confirmación del patrón se da cuando el precio rompe la línea de soporte, lo que sugiere que los vendedores están tomando el control y una caída en el precio es inminente. El objetivo de precio se calcula midiendo la altura de la cuña en su punto más amplio y proyectando esa distancia hacia abajo desde el punto de ruptura.

Cuña Descendente (Falling Wedge): La cuña descendente es un patrón de reversión alcista que se forma cuando el precio crea máximos y mínimos más bajos dentro de un rango de precios cada vez más estrecho. Las líneas de tendencia que conectan estos máximos y mínimos convergen, formando una cuña inclinada hacia abajo. Este patrón sugiere que, aunque el precio sigue bajando, la presión vendedora está disminuyendo. La confirmación del patrón ocurre cuando el precio rompe la línea de resistencia superior, lo que sugiere que los compradores están ganando fuerza y el precio podría subir. El objetivo de precio se calcula midiendo la altura de la cuña y proyectando esa distancia hacia arriba desde el punto de ruptura.

Cuña Ascendente (Rising Wedge)

Cuña Descendente (Falling Wedge)

NOTA: En el mundo del análisis técnico, existen muchos patrones que los traders utilizan para predecir los movimientos del mercado. Sin embargo, no todos los patrones son iguales en cuanto a dificultad. En este libro, he seleccionado algunos de los patrones más sencillos de identificar, especialmente pensados para traders principiantes que están dando sus primeros pasos en el análisis gráfico. Estos patrones, como el triángulo ascendente o el doble techo, ofrecen señales claras y son relativamente fáciles de interpretar, lo que los convierte en herramientas efectivas para aquellos que aún no tienen mucha experiencia.

Es importante recordar que estos son solo los primeros escalones. Hay patrones mucho más complejos que requieren un análisis más profundo y una mayor comprensión de los mercados, pero esos son más apropiados para traders con experiencia. Mi objetivo aquí es que entiendas estos conceptos básicos, ya que te proporcionarán una buena base para que, con el tiempo y la práctica, puedas abordar patrones más avanzados y sofisticados.

El mundo del trading es vasto y está lleno de temas más avanzados que, con el tiempo, te encontrarás explorando si decides profundizar en esta disciplina. Existen conceptos como la gestión de riesgos avanzada, el análisis fundamental detallado, el uso de algoritmos, trading de alta frecuencia, y muchos otros temas que requieren un mayor nivel de experiencia y conocimiento. Aunque son fundamentales para aquellos que buscan perfeccionar su estrategia y operar a un nivel más profesional, pueden resultar un poco complicados de entender al principio.

Este libro está diseñado para proporcionarte una base sólida, ofreciéndote lo esencial para que puedas dar tus primeros pasos con confianza. Aquí aprenderás los conceptos básicos del análisis técnico, los patrones más comunes y la mentalidad adecuada para enfrentarte al mercado. El objetivo no es abrumarte con temas demasiado avanzados, sino brindarte las herramientas y el conocimiento necesario para que puedas comenzar a operar, aprender del mercado y crecer como trader.

Con el tiempo, y a medida que ganes experiencia, podrás profundizar en estos temas más complejos, pero por ahora, este libro está enfocado en ayudarte a comprender lo fundamental, para que te sientas cómodo entrando al mundo del trading y sepas qué hacer en cada operación básica que realices. Lo importante es empezar con una base fuerte y clara, y desde ahí, continuar construyendo tu camino.

Indicadores

En **TradingView**, puedes trabajar con una amplia variedad de indicadores técnicos que te ayudarán a analizar el comportamiento del mercado y tomar decisiones informadas. Estos indicadores se aplican sobre los gráficos para interpretar los movimientos de precios, tendencias y otros aspectos importantes del análisis técnico. Aquí te dejo una lista de algunos de los indicadores más utilizados en TradingView:

Medias Móviles (Moving Averages):

- Media Móvil Simple (SMA)
- Media Móvil Exponencial (EMA)

Índice de Fuerza Relativa (RSI):

- Ayuda a identificar si un activo está sobrecomprado o sobrevendido.

MACD (Convergencia/Divergencia de Medias Móviles):

- Indica cambios en el impulso del mercado y posibles puntos de inversión de tendencia.

Bandas de Bollinger:

- Miden la volatilidad y ayudan a identificar condiciones de sobrecompra o sobreventa.

Volumen:

- Muestra la cantidad de transacciones en un periodo de tiempo determinado.

Estocástico (Stochastic Oscillator):

- Un oscilador que compara el precio de cierre con un rango de precios durante un periodo específico.

ATR (Rango Verdadero Promedio):

- Mide la volatilidad del mercado al analizar el rango de precios.

ADX (Índice de Movimiento Direccional Promedio):

- Indica la fuerza de una tendencia en curso.

Ichimoku Cloud:

- Un sistema completo de análisis técnico que proporciona niveles de soporte/resistencia y la dirección de tendencia.

Oscilador Asombroso (Awesome Oscillator):

- Mide el impulso del mercado y ayuda a identificar reversiones.

Fibonacci:

- Herramienta de retrocesos y extensiones que ayuda a predecir niveles clave de soporte y resistencia.

SAR Parabólico (Parabolic SAR):

- Indica la dirección de la tendencia y posibles puntos de cambio.

Divergencia de Convergencia Estocástica (SCD):

- Similar al MACD, pero basado en el oscilador estocástico.

Chaikin Money Flow (CMF):

- Un indicador de volumen que mide la presión de compra y venta en el mercado.

Índice de Canal de Productos Básicos (CCI):

- Mide la desviación del precio con respecto a su media móvil.

Esta lista cubre algunos de los indicadores más utilizados en TradingView, aunque la plataforma ofrece cientos de opciones personalizables. La clave es probar y encontrar los que mejor se adapten a tu estilo de trading y tus objetivos. Aun quedan por descubrir muchos indicadores pero ya seria meternos en Trading Avanzado y mi intensión es que entiendas lo Básico de este Negocio.

Me encantaria mostrarte mediante graficas cada uno de los indicadores pero te invito a que entres directamente desde tu computadora o laptop y pruebes cada uno de los indicadores y hagas pruebas.

¿Qué Es El Stop Loss Y Como Se Debe Usar?

Establecer una orden de Stop Loss es una de las acciones más importantes y se podría decir que obligatoria cuando se opera en los mercados financieros, pese a que muchos traders "nuevos" no lo hacen. Las condiciones para colocar una orden de este tipo deben estar detalladas en el plan de cada estrategia profesional. De lo contrario, esta estrategia no puede considerarse completa. En esta guía, examinaremos todos los puntos principales relacionados con una orden de Stop Loss y te mostraremos las estrategias más efectivas para colocarla y configurarla

El límite de pérdida, o Stop-Loss, es una orden auxiliar que se coloca para proteger a un trader de perder una cantidad considerable en una operación.

Por ejemplo, sin un trader abre una operación EUR/USD para comprar a un precio de 1.2500, la orden de Stop Loss se puede establecer en 1.2490. De este modo, si el precio baja y el trader comienza a sufrir pérdidas, perderá un máximo de 10 puntos. Después de eso, la transacción se cerrará y el comerciante puede tomar una nueva decisión. Podría, por ejemplo, abrir una nueva transacción para la venta, si la tendencia a la baja del precio continúa.

¿Qué Es El Take Profit Y Como Se Debe Usar?

El Take Profit es una orden utilizada en el trading para asegurar ganancias cuando el precio de un activo alcanza un nivel determinado. Su propósito es cerrar automáticamente una operación en un punto favorable antes de que el mercado pueda revertirse y reducir las ganancias obtenidas.

Cuando un trader establece un Take Profit, fija un precio objetivo en el que su posición se cerrará automáticamente. Por ejemplo, si compra una acción a $20 y establece un Take Profit en $25, la plataforma venderá la acción cuando su precio alcance ese valor, asegurando así la ganancia sin necesidad de que el trader esté monitoreando el mercado constantemente.

Existen dos tipos principales de órdenes Take Profit:

Take Profit Límite: Se ejecuta a un precio específico o mejor, lo que garantiza que la venta o compra se realice en las condiciones definidas. Sin embargo, si el mercado es volátil, la orden podría no ejecutarse si no hay suficientes compradores o vendedores a ese precio.

Take Profit Mercado: Se activa cuando el precio alcanza el nivel objetivo y se ejecuta al mejor precio disponible en ese momento, asegurando que la operación se cierre rápidamente.

Ejemplos de órdenes Stop Loss y Take Profit

Ejemplos de órdenes stop loss:

Tipo de orden avanzado	Operación	Precio de marca (USD)	Precio de activación (USD)	Precio límite (USD)	Condición de activación
Stop loss límite	Vender	25 000	20 000	19 000	Si el precio de marca < 20 000
Stop loss mercado	Comprar	25 000	50 000	N. a.	Si el precio de marca >= 50 000

Ejemplos de órdenes take profit:

Tipo de orden avanzado	Operación	Precio de marca (USD)	Precio de activación (USD)	Precio límite (USD)	Condición de activación
Take profit límite	Comprar	20 000	19 000	18 000	Si el precio de marca < 19 000
Take profit mercado	Vender	20 000	25 000	N. a.	Si el precio de marca >= 25 000

El Stop Loss es una herramienta fundamental en la gestión del riesgo, ya que ayuda a los traders a controlar sus pérdidas sin necesidad de monitorear constantemente el mercado. Su uso adecuado permite limitar la exposición a movimientos inesperados y mantener una estrategia de inversión disciplinada.

El Take Profit es una herramienta clave para la gestión del riesgo, ya que ayuda a los traders a bloquear ganancias y evitar la tentación de mantener una posición abierta por más tiempo del necesario, lo que podría resultar en la pérdida de parte de las ganancias obtenidas.

Un ejemplo de Take Profit , si adquieres **Bitcoin** a un precio de **$80,000** y configuras una orden de take profit en **$85,000**, tu operación se cerrará automáticamente cuando el valor de Bitcoin llegue a ese nivel. De este modo, garantizas una ganancia de **$5,000** sin necesidad de supervisar constantemente el mercado.

Con esto puedes tener un mayor control sobre tus operaciones, puedes ir a comer tranquilo sabiendo que si el precio sube, tu orden se activara y te hara ganar dinero.

Lineas de Tendencia

Una línea de tendencia es una herramienta de análisis técnico que se utiliza para identificar y visualizar la dirección de un activo en el mercado. Se traza conectando al menos dos puntos significativos en un gráfico de precios, ya sean mínimos o máximos, y ayuda a los traders a comprender la tendencia predominante, ya sea alcista, bajista o lateral.

downtrend
BAJISTA

ALCISTA

Tipos de líneas de tendencia

Línea de tendencia alcista: Se dibuja uniendo una serie de mínimos crecientes. Indica que el precio está en una tendencia ascendente y que los compradores tienen el control.

Línea de tendencia bajista: Se traza conectando una serie de máximos decrecientes. Muestra que el activo está en una tendencia descendente y que los vendedores dominan el mercado.

Línea de tendencia lateral: Aparece cuando el precio oscila en un rango sin una dirección clara. En este caso, el activo no muestra una tendencia definida.

Las líneas de tendencia funcionan como niveles dinámicos de soporte y resistencia, lo que significa que los precios tienden a respetarlas hasta que se produce una ruptura. Si una línea de tendencia alcista se rompe a la baja, puede ser una señal de que el mercado cambiará de dirección, y lo mismo ocurre con una línea bajista que se rompe al alza.

Esto te enseña que siempre tienes que identificar la linea de tendencia en cualquier mercado.

Capítulo 7: Analísis Fundamental

El análisis fundamental es una metodología utilizada en los mercados financieros para evaluar el valor real de un activo, ya sea una acción, una empresa o incluso una criptomoneda. Se basa en el estudio de factores económicos, financieros y estratégicos que pueden afectar su desempeño a largo plazo.

Este análisis examina aspectos como los ingresos, ganancias, deudas, crecimiento, ventajas competitivas y la gestión empresarial. También considera el entorno macroeconómico, incluyendo tasas de interés, inflación y políticas gubernamentales. Su objetivo es determinar si un activo está sobrevalorado o infravalorado para tomar decisiones de inversión informadas.

¿Por qué es importante para los inversores?

El análisis fundamental es clave porque permite a los inversores tomar decisiones basadas en el valor real de los activos, en lugar de dejarse llevar por la especulación o las emociones del mercado.

Al analizar una empresa a fondo, los inversores pueden identificar oportunidades de compra cuando su precio de mercado está por debajo de su valor intrínseco, lo que potencialmente genera ganancias a largo plazo. Además, este análisis ayuda a minimizar riesgos, ya que permite evaluar la solidez financiera y la sostenibilidad de un negocio antes de invertir.

¿Como hacer trading basado en el análisis fundamental?

El trading basado en análisis fundamental se centra en evaluar el valor real de un activo financiero mediante el estudio de factores económicos, financieros y políticos que pueden afectar su precio. A diferencia del análisis técnico, que se enfoca en patrones de gráficos y movimientos pasados del mercado, el análisis fundamental busca entender qué hace que el precio de un activo suba o baje en función de datos concretos.

Para aplicar este enfoque, lo primero es analizar las noticias económicas y financieras, ya que eventos como decisiones de tasas de interés de los bancos centrales, informes de empleo, inflación y crecimiento del PIB pueden influir en la cotización de monedas, acciones y materias primas.

Por ejemplo, si la Reserva Federal de EE. UU. sube las tasas de interés, el dólar suele fortalecerse porque los inversores buscan rentabilidad en activos denominados en esa moneda.

En el caso del mercado de acciones, el análisis fundamental implica estudiar los estados financieros de las empresas, como el balance general, la cuenta de resultados y los flujos de caja. Se examinan indicadores clave como el beneficio por acción (EPS), la relación precio-beneficio (P/E) y la rentabilidad sobre el patrimonio (ROE) para determinar si una acción está sobrevalorada o infravalorada. También es crucial conocer la industria en la que opera la empresa, sus competidores y las tendencias del mercado.

En el trading de materias primas, factores como el clima, la producción mundial, las reservas estratégicas y la oferta y demanda juegan un papel esencial. Por ejemplo, si hay una sequía severa en Brasil, es probable que el precio del café suba debido a una menor oferta.

Para aplicar esta información en una estrategia de trading, los operadores suelen combinar datos fundamentales con un enfoque de gestión de riesgos. No basta con detectar una oportunidad basada en una noticia económica, sino que se deben establecer puntos de entrada y salida, considerar el impacto a largo plazo y evaluar cómo el mercado podría reaccionar de manera inesperada.

El éxito en el trading basado en análisis fundamental requiere paciencia, investigación constante y la capacidad de interpretar datos económicos con rapidez. Muchos traders profesionales complementan su análisis con herramientas técnicas para encontrar el mejor momento para ejecutar sus operaciones.

Alza de precios en una acción o Criptomoneda a causa de una Noticia Fundamental

Un ejemplo claro de cómo una noticia fundamental puede hacer que el precio de una criptomoneda o una acción suba ocurrió con Bitcoin en octubre de 2021, cuando la Comisión de Bolsa y Valores de EE. UU. (SEC) aprobó el primer ETF de futuros de Bitcoin.

Hasta ese momento, los inversores institucionales tenían dificultades para obtener exposición al Bitcoin a través de mercados regulados, pero con la aprobación del ProShares Bitcoin Strategy ETF (BITO), se abrió una nueva vía para que más dinero institucional ingresara al mercado de las criptomonedas. La noticia generó una fuerte demanda especulativa y confianza en la legitimidad de Bitcoin como activo financiero. Como resultado, su precio pasó de alrededor de $40,000 a un máximo histórico de casi $69,000 en noviembre de 2021.

Un ejemplo reciente del impacto del análisis fundamental en el precio de una criptomoneda es el caso de **"MAGA Coin"** (TRUMP), un token vinculado al expresidente Donald Trump.

En 2024, el precio de esta criptomoneda se disparó tras varias noticias clave. Una de las razones principales fue el avance de Trump en las encuestas para las elecciones presidenciales de EE. UU. de 2024. A medida que aumentaban sus posibilidades de regresar a la Casa Blanca, los inversores especulaban que su victoria podría traer políticas favorables para el mundo cripto, lo que generó un gran interés en el token.

Otro factor clave fue la revelación de que Donald Trump poseía millones en criptomonedas y había generado ingresos significativos a través de la venta de NFTs. Esto reforzó la narrativa de que el expresidente podría apoyar aún más el sector si regresaba al poder. Como resultado, el token MAGA Coin (TRUMP) pasó de valer unos pocos centavos a dispararse más de un 500% en cuestión de semanas.

Un ejemplo clásico de cómo una noticia fundamental hizo subir el precio de Dogecoin (DOGE) ocurrió en abril de 2021, impulsado por los comentarios y acciones de Elon Musk.

Durante meses, Musk había estado tuiteando sobre Dogecoin, llamándolo "la criptomoneda del pueblo" y publicando memes que generaban entusiasmo entre los inversores minoristas. Sin embargo, el gran impulso ocurrió cuando anunció que iría al programa "Saturday Night Live" (SNL) el 8 de mayo de 2021, lo que llevó a una especulación masiva de que haría alguna referencia a Dogecoin en televisión nacional.

Como resultado, el precio de DOGE pasó de aproximadamente $0.05 en marzo a un máximo de $0.73 en mayo de 2021, un aumento de más del 1,300% en pocas semanas. Sin embargo, después de su aparición en SNL, donde hizo bromas sobre Dogecoin y lo llamó "un hustle" (un engaño o estafa en tono humorístico), el precio cayó abruptamente.

Otro caso notable es el de Rastar Group, propietario del club de fútbol Espanyol. Sus acciones experimentaron un aumento significativo en la Bolsa de Shenzhen, creciendo un 20.05% en un día y acumulando una subida del 50% en cinco días, en contraste con la caída del 2.67% del mercado. Este crecimiento bursátil generó suspicacias en un contexto donde el rendimiento deportivo del equipo es bajo.

Además, la victoria electoral de Donald Trump ha impulsado los mercados financieros de Estados Unidos. El Dow Jones registró su mayor subida en dos años, aumentando 1,300 puntos en minutos, mientras que el Nasdaq y el S&P500 incrementaron en un 2.5% y más de 2% respectivamente. El Bitcoin, apoyado por la afinidad de Trump y Elon Musk hacia las criptomonedas, alcanzó un valor cercano a los 74,000 dólares, llevando a Coinbase a un aumento del 20% en bolsa.

Capítulo 8: Velas Japonesas

Las velas japonesas fueron creadas por **Munehisa Homma**, un comerciante de arroz japonés del siglo XVIII. Homma desarrolló este método para analizar los precios en los mercados de arroz en Osaka y descubrió que los movimientos de los precios no solo estaban influenciados por la oferta y la demanda, sino también por la psicología y las emociones de los comerciantes. A través de la observación, identificó patrones repetitivos en la evolución de los precios y utilizó este conocimiento para prever cambios en el mercado.

Su sistema fue tan efectivo que le permitió acumular una gran fortuna y ser reconocido como un experto en el comercio de arroz. Posteriormente, sus ideas se consolidaron en lo que hoy conocemos como el análisis de velas japonesas, una técnica que con el tiempo se adaptó a los mercados financieros modernos y se convirtió en una de las herramientas más utilizadas por traders en todo el mundo.

Cada vela representa un período de tiempo y muestra cuatro precios clave: apertura, cierre, máximo y mínimo. Su cuerpo refleja la diferencia entre el precio de apertura y el de cierre, mientras que las sombras indican los extremos alcanzados durante ese período. Una vela alcista señala que el precio subió, mientras que una vela bajista indica una caída.

Los traders utilizan las velas japonesas para identificar patrones y tendencias, lo que les ayuda a anticipar posibles movimientos del mercado. Formaciones como el martillo, el doji o la envolvente pueden indicar cambios en la dirección del precio y ofrecer señales clave para la toma de decisiones. Gracias a su representación visual clara e intuitiva, este método sigue siendo una de las formas más populares de análisis en el trading moderno.

Una Vela Japonesa nos da, para un periodo dado, cuatro precios diferentes:

- El precio máximo
- El precio mínimo
- El precio de apertura
- El precio de cierre

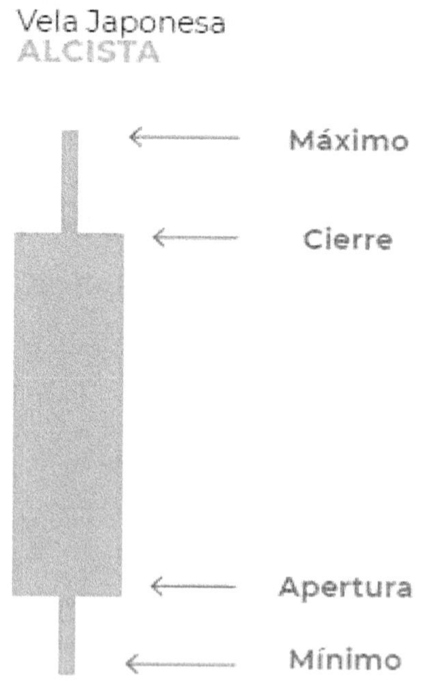

Soportes y Resistencias con Velas japonesas

Los soportes y resistencias son niveles clave en el análisis técnico donde el precio tiende a rebotar o detenerse. El soporte actúa como un piso donde la demanda impulsa el precio al alza, mientras que la resistencia es un techo donde la oferta lo empuja a la baja.

Las velas japonesas ayudan a confirmar estos niveles. Por ejemplo, un martillo en un soporte sugiere un rebote alcista, mientras que una estrella fugaz en una resistencia indica una posible caída. Si el precio rompe estos niveles con una vela fuerte, puede señalar una continuación de tendencia. Usar soportes y resistencias junto con velas japonesas permite identificar puntos clave para operar en el mercado.

Un soporte o resistencia se considerará "roto" cuando haya al menos una vela que ha cerrado por encima o por debajo del área de soporte o resistencia.

Cuando esto ocurra, el soporte se convertirá en resistencia, y la resistencia en soporte. Esto tienes que tenerlo muy en cuenta porque muchos principiantes se confunden.

Tipos de Velas Japonesas

Velas Cortas: Las «velas japonesas cortas» tienen un cuerpo mayor acualquiera de las dos mechas, tanto la inferior como lasuperior. Indican debilidad de la tendencia, sobre todo cuando se encuentran cerca de soportes y resistencias. Deben ser vistas en conjunto con las velas adyacentes para

- **Patrón:** Indecisión.
- **Tendencia:** Neutra.
- **Fiabilidad:** Muy baja.

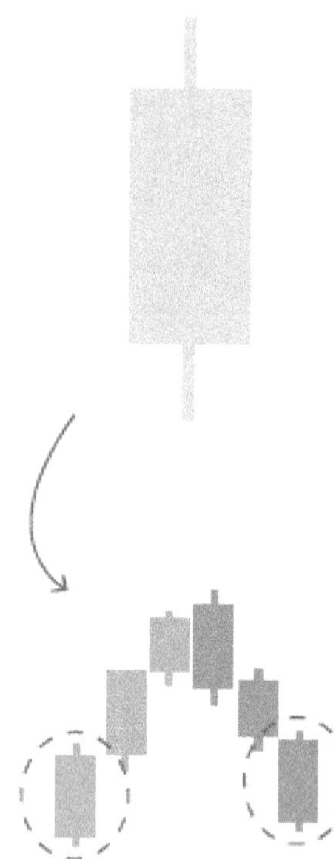

Peonzas: La vela Peonza es un tipo de vela japonesa que indica indecisión en el mercado. Se caracteriza por tener un cuerpo pequeño y mechas superiores e inferiores largas, lo que significa que tanto compradores como vendedores intentaron tomar el control, pero sin éxito claro.

Si aparece en una tendencia alcista o bajista, puede señalar un posible cambio o consolidación del precio. Su interpretación se fortalece cuando se combina con otros patrones o niveles clave como soportes y resistencias.

- **Patrón:** Indecisión.
- **Tendencia:** Neutra.
- **Fiabilidad:** Baja.

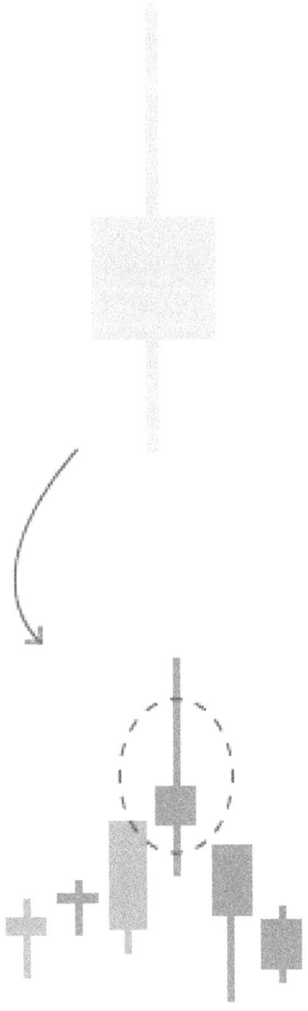

Velas de onda alta (High Wave Candlestick): son un tipo de vela japonesa que representa indecisión en el mercado. Se caracterizan por tener mechas largas en ambos extremos y un cuerpo pequeño, lo que indica que el precio fluctuó significativamente durante el período, pero terminó cerrando cerca de su apertura.

- **Patrón:** Indecisión.
- **Tendencia:** Neutra.
- **Fiabilidad:** Baja.

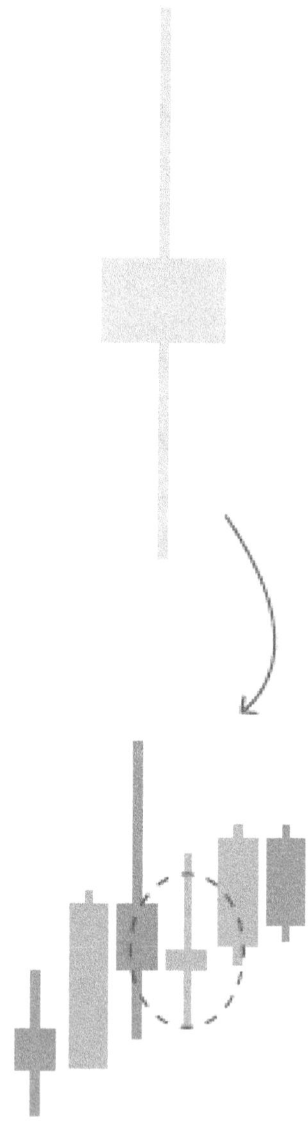

Doji: El Doji es una vela japonesa que indica indecisión en el mercado. Se caracteriza por tener un cuerpo casi inexistente, ya que el precio de apertura y cierre son muy similares o iguales. Sus mechas pueden variar de longitud, reflejando la lucha entre compradores y vendedores sin un claro ganador.

- **Patrón:** Indecisión.
- **Tendencia:** Neutra.
- **Fiabilidad:** Media - Baja.

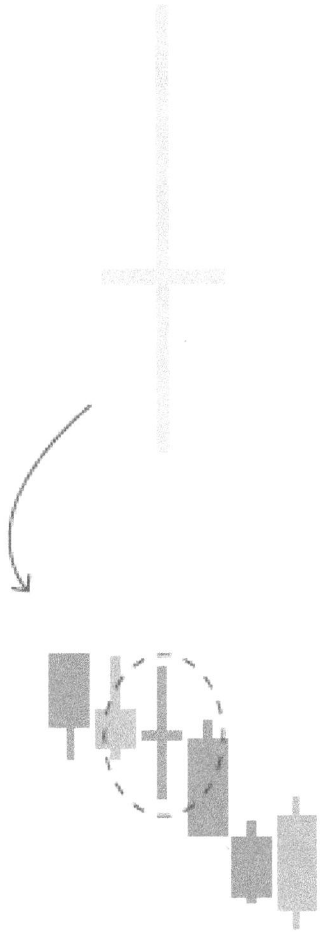

Doji: Doji sombrilla o Doji Libélula (invertida) es el nombre que toma un Doji cuando la mecha superior es de tamaño mínimo o nulo mientras que la inferior es muy larga.Suele indicar cambio fuerte de tendencia cuando se apoya en un soporte (resistencia) y cuando existe sobreventa (sobrecompra).

- **Patrón:** Cambio de tendencia.
- **Tendencia:** Alcista o Bajista.
- **Fiabilidad:** Fuerte.

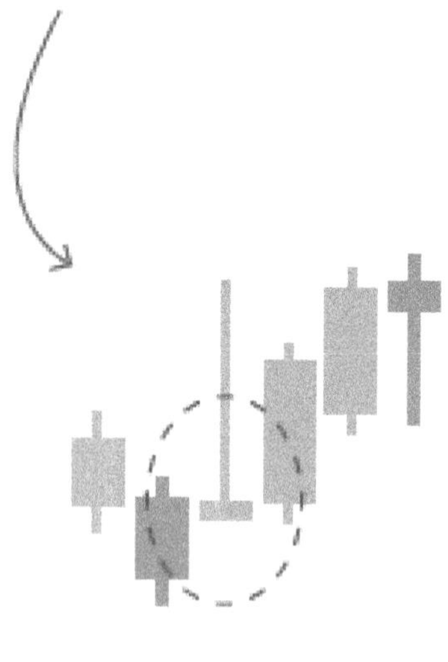

Vela Alcista Grande: La Vela Alcista Grande, también conocida como Marubozu Alcista, es una vela japonesa que indica un fuerte dominio de los compradores en el mercado. Se caracteriza por tener un cuerpo largo y sin mechas o con mechas muy pequeñas, lo que significa que el precio abrió cerca del mínimo y cerró cerca del máximo del período.

Se interpreta como que el bando alcista ha tomado el control de la tendencia, por lo que la aparición de este patrón es totalmente alcista, más cuando aparece en soportes y en roturas de resistencia.

- **Patrón:** Confirmación.
- **Tendencia:** Alcista.
- **Fiabilidad:** Alta.

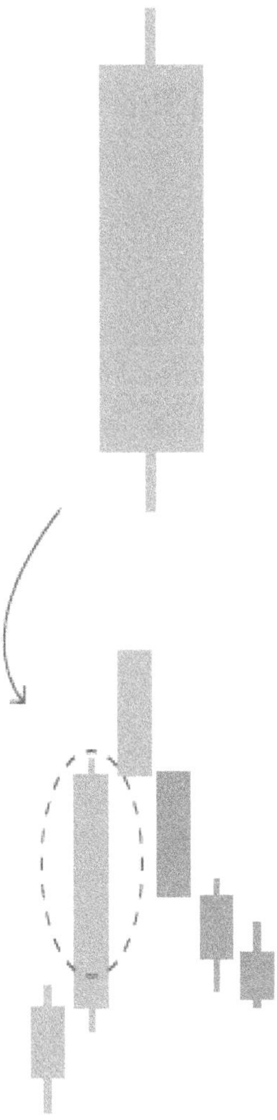

Vela Bajista Grande: La Vela Bajista Grande, también conocida como Marubozu Bajista, es una vela japonesa que refleja un fuerte control de los vendedores en el mercado. Se caracteriza por tener un cuerpo largo y sin mechas o con mechas muy pequeñas, lo que indica que el precio abrió cerca del máximo y cerró cerca del mínimo del período.

- **Patrón:** Confirmación.
- **Tendencia:** Bajista.
- **Fiabilidad:** Alta.

Marubozu Alcista: El Marubozu Alcista es una vela japonesa que indica un fuerte impulso comprador en el mercado. Se caracteriza por un cuerpo largo y sin mechas o con mechas muy pequeñas, lo que significa que el precio abrió cerca del mínimo y cerró cerca del máximo del período de la vela. Este tipo de vela refleja una clara dominancia de los compradores durante todo el lapso de tiempo en que se formó la vela.

La aparición de un Marubozu Alcista generalmente se interpreta como una señal de que el mercado está en una fuerte tendencia alcista y puede continuar subiendo. Cuando se forma en una zona de soporte, refuerza la idea de que los compradores siguen al alza y podrían continuar impulsando el precio.

- **Patrón:** Confirmación.
- **Tendencia:** Alcista.
- **Fiabilidad:** Alta.

Marubozu Bajista: El Marubozu Bajista es una vela japonesa que indica un fuerte control de los vendedores en el mercado. Se caracteriza por un cuerpo largo y sin mechas o con mechas muy pequeñas, lo que significa que el precio abrió cerca del máximo y cerró cerca del mínimo del período de la vela. Esta formación refleja una dominancia de los vendedores durante todo el período en que la vela se formó.

La aparición de un Marubozu Bajista generalmente se interpreta como una señal de que el mercado está en una tendencia bajista y podría continuar descendiendo. Si aparece en una zona de resistencia, refuerza la idea de que la presión vendedora continuará empujando el precio hacia abajo.

- **Patrón:** Confirmación.
- **Tendencia:** Alcista.
- **Fiabilidad:** Alta.

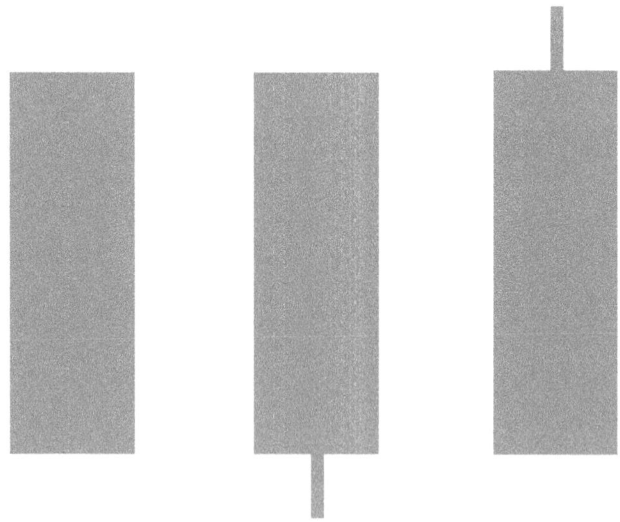

Larga sombra superior: Una larga sombra superior en una vela japonesa indica que el precio subió considerablemente durante el período, pero los vendedores lograron empujar el precio hacia abajo antes de que terminara. Esto sugiere que los compradores inicialmente tomaron el control, pero al final, los vendedores lograron dominar el mercado.

Este patrón se considera una señal de indecisión o posible reversión, especialmente si aparece después de una tendencia alcista. Una larga sombra superior en una tendencia alcista puede indicar que el precio podría estar alcanzando un punto de resistencia y que los vendedores están comenzando a tomar el control. En cambio, en una tendencia bajista, puede señalar una posible consolidación antes de una reversión alcista.

- **Patrón:** De cambio.
- **Tendencia:** Alcista.
- **Fiabilidad:** Media.

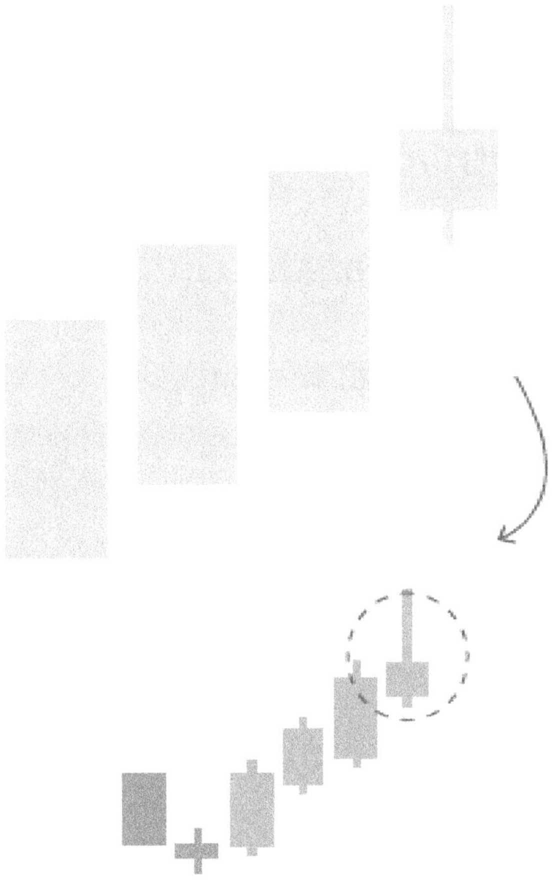

Larga sombra inferior: Una larga sombra inferior en una vela japonesa indica que el precio bajó considerablemente durante el período, pero los compradores lograron empujar el precio hacia arriba antes de que terminara. Esto sugiere que, aunque los vendedores intentaron controlar el mercado, los compradores resistieron y finalmente lograron recuperar el precio.

Este patrón se interpreta como una señal de indecisión o posible reversión alcista, especialmente si aparece después de una tendencia bajista. Una larga sombra inferior en una tendencia bajista puede indicar que el precio podría estar alcanzando un nivel de soporte y que los compradores están comenzando a tomar el control. En una tendencia alcista, también puede señalar una pequeña corrección antes de que la tendencia continúe.

- **Patrón:** De cambio.
- **Tendencia:** Alcista.
- **Fiabilidad:** Media.

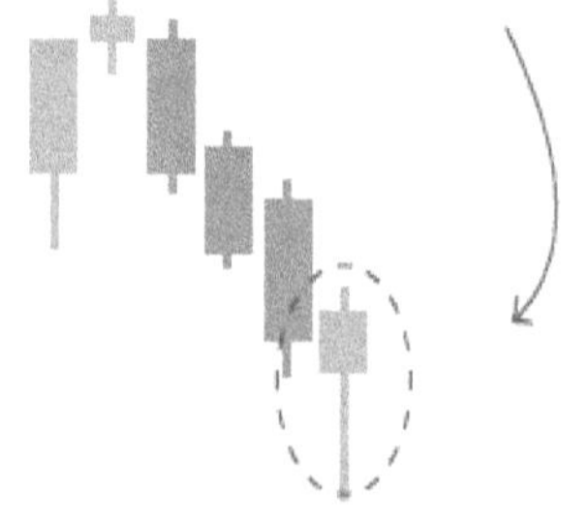

Martillo: El Martillo es un patrón de vela japonesa que se forma cuando el precio baja considerablemente durante un período, pero luego sube para cerrar cerca del precio de apertura. Se caracteriza por tener un cuerpo pequeño cerca de la parte superior de la vela y una larga sombra inferior, al menos dos veces el tamaño del cuerpo. La sombra superior es corta o inexistente.

Este patrón generalmente aparece en una tendencia bajista y es considerado una señal de posible reversión alcista. El martillo sugiere que, aunque los vendedores empujaron el precio hacia abajo, los compradores lograron tomar el control antes de que el período de tiempo terminara, lo que podría indicar el comienzo de una tendencia alcista. Sin embargo, para confirmar la reversión, es importante observar la acción del precio en los períodos siguientes.

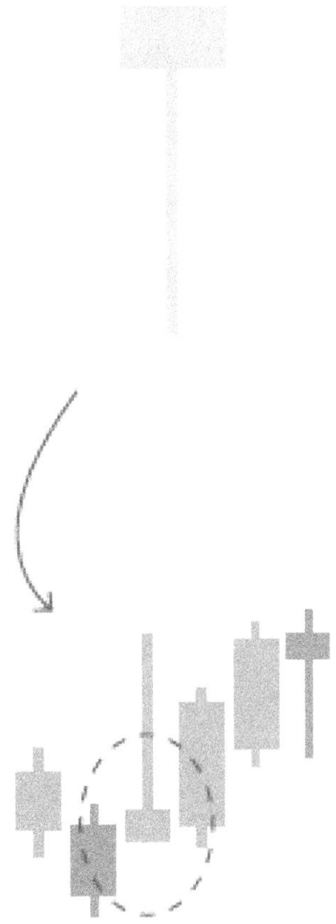

- **Patrón:** De cambio.
- **Tendencia:** Alcista.
- **Fiabilidad:** Baja - Media.

Libélula Doji: El Libélula Doji es un patrón de vela japonesa que se caracteriza por tener un cuerpo pequeño en la parte superior de la vela y una larga sombra inferior, mientras que la sombra superior es prácticamente inexistente o muy corta. Este patrón indica que el precio de apertura y cierre son muy similares, y que el precio alcanzó un nivel bajo durante el período, pero los compradores lograron llevar el precio hacia arriba hasta cerrar cerca del nivel de apertura.

El Libélula Doji generalmente aparece en una tendencia bajista, y su formación puede ser un señal de reversión alcista, ya que muestra que los compradores están empezando a tomar control después de una fuerte presión vendedora. Sin embargo, es importante confirmar la reversión con velas adicionales o con otros indicadores técnicos.

- **Patrón:** De cambio.
- **Tendencia:** Alcista.
- **Fiabilidad:** Media-Alta

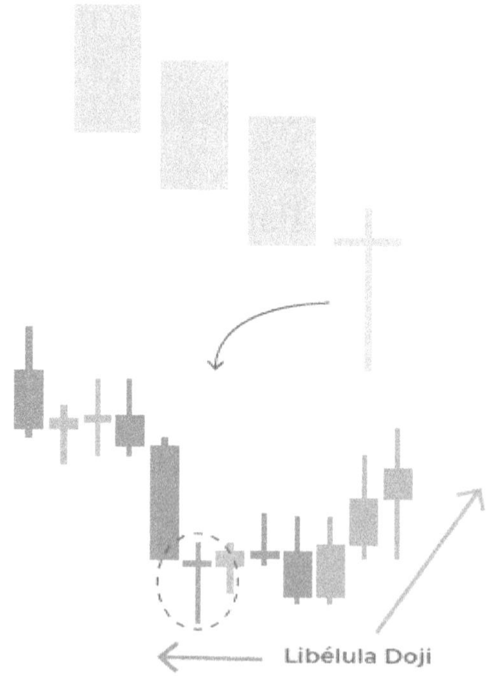

Hombre Colgado: El Hombre Colgado (Hanging Man) es un patrón de vela japonesa que tiene un cuerpo pequeño en la parte superior de la vela y una larga sombra inferior. Aunque se parece al Martillo, su significado cambia dependiendo de su contexto. Aparece en una tendencia alcista y se interpreta como una señal de posible reversión bajista. Esto ocurre porque, aunque los compradores empujaron el precio hacia arriba, los vendedores lograron empujarlo hacia abajo al final del período, lo que sugiere que los compradores están perdiendo fuerza. La confirmación de la reversión suele darse con una vela bajista en el siguiente período.

- **Patrón:** De cambio.
- **Tendencia:** Bajista.
- **Fiabilidad:** Alta.

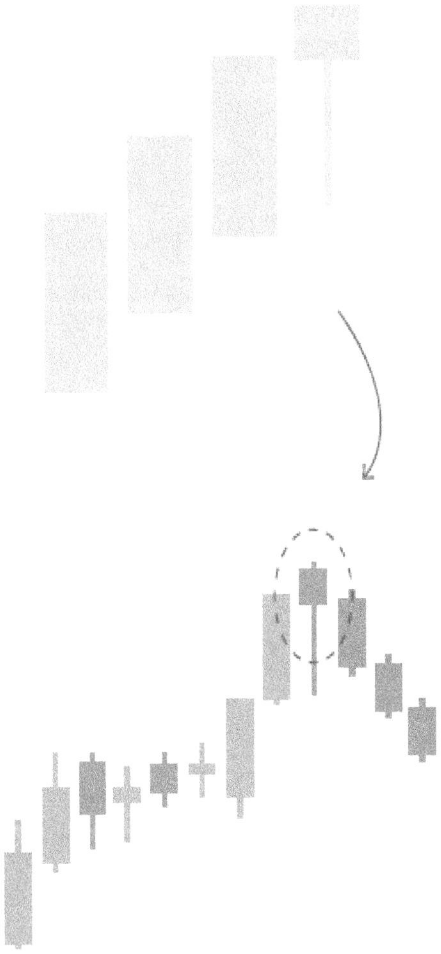

Apoyo ceñido Alcista: El Apoyo Ceñido Alcista es un patrón de vela que ocurre en una tendencia bajista y sugiere una posible reversión alcista. Se caracteriza por un cuerpo pequeño cerca del mínimo de la vela y sombra inferior corta. Este patrón muestra que los vendedores intentaron empujar el precio hacia abajo, pero los compradores lograron llevar el precio hacia arriba antes de que terminara el período, lo que indica que la presión vendedora está disminuyendo.

El Apoyo Ceñido Alcista señala que los compradores están comenzando a tomar control y puede ser el comienzo de una tendencia alcista, especialmente si se confirma con una vela alcista en el siguiente período.

- **Patrón:** De cambio.
- **Tendencia:** Alcista.
- **Fiabilidad:** Baja.

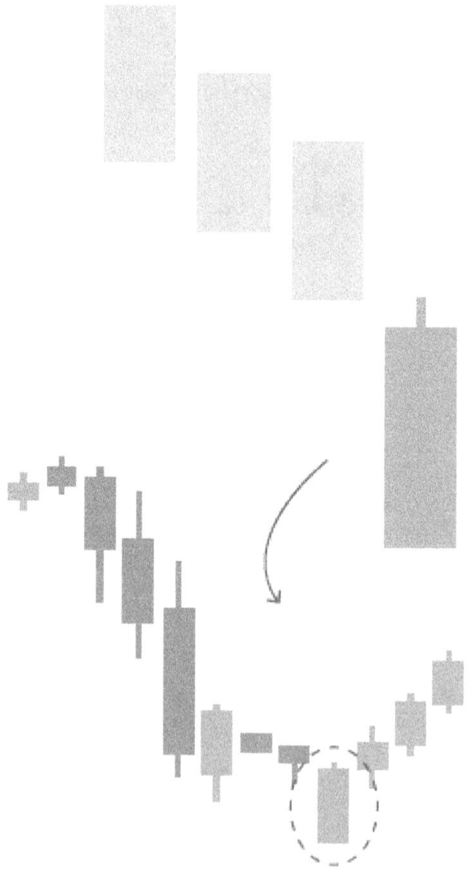

Apoyo ceñido Bajista: El Apoyo Ceñido Bajista es un patrón de vela que ocurre en una tendencia alcista y sugiere una posible reversión bajista. Se caracteriza por un cuerpo pequeño cerca del máximo de la vela y una sombra inferior corta. Este patrón indica que, aunque los compradores impulsaron el precio hacia arriba, los vendedores comenzaron a tomar el control al final del período, empujando el precio hacia abajo.

El Apoyo Ceñido Bajista sugiere que la presión compradora está perdiendo fuerza y puede ser un indicio de que el precio podría comenzar a caer, especialmente si se confirma con una vela bajista en el siguiente período.

- **Patrón:** De cambio.
- **Tendencia:** Bajista.
- **Fiabilidad:** Baja.

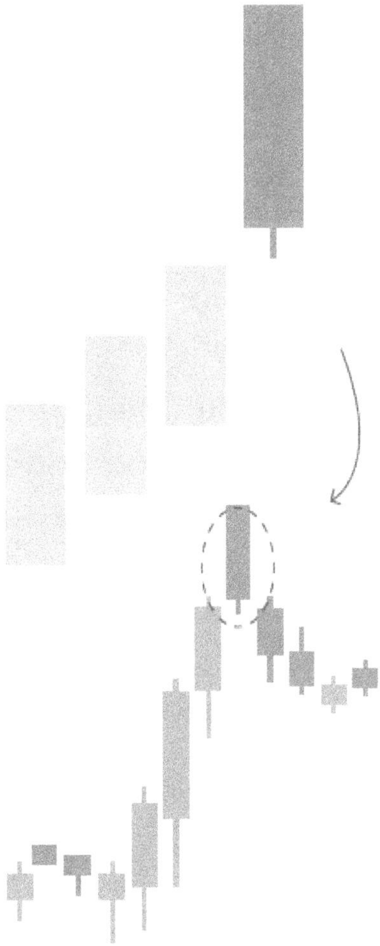

Estrella Fugaz: La Estrella Fugaz (Shooting Star) es un patrón de vela japonesa que aparece en una tendencia alcista y sugiere una posible reversión bajista. Se caracteriza por un cuerpo pequeño en la parte inferior de la vela y una larga sombra superior, al menos el doble de la longitud del cuerpo. La sombra inferior es corta o inexistente.

Este patrón indica que, durante el período, los compradores empujaron el precio hacia arriba, pero al final, los vendedores tomaron el control y lograron empujar el precio hacia abajo, lo que sugiere que el impulso alcista está perdiendo fuerza. La Estrella Fugaz es más significativa cuando se confirma con una vela bajista en el siguiente período, ya que refuerza la posibilidad de una reversión hacia una tendencia bajista.

- **Patrón:** De cambio.
- **Tendencia:** Bajista.
- **Fiabilidad:** Media - Baja.

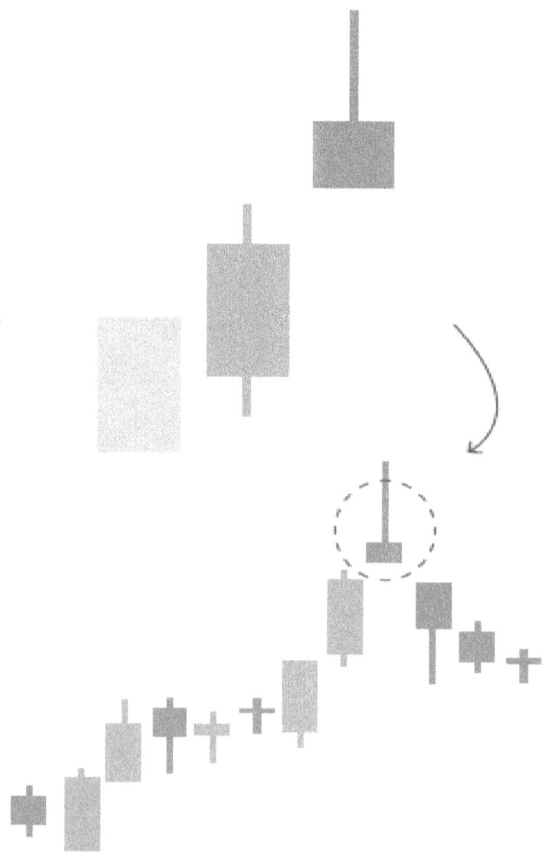

Cubierta de la Nube Oscura: La Cubierta de la Nube Oscura (Dark Cloud Cover) es un patrón de reversión bajista que ocurre en una tendencia alcista. Consiste en dos velas: la primera es una vela alcista con un cuerpo largo, seguida de una vela bajista que abre por encima del cierre de la vela alcista y cierra por debajo de la mitad del cuerpo de la vela anterior.

Este patrón indica que, aunque los compradores continuaron impulsando el precio hacia arriba en la primera vela, los vendedores tomaron el control en la segunda vela, empujando el precio hacia abajo. La Cubierta de la Nube Oscura sugiere que la presión alcista está perdiendo fuerza y podría producirse una reversión hacia una tendencia bajista. Para una confirmación más sólida, se debe esperar una vela bajista en el siguiente período.

- **Patrón:** De cambio.
- **Tendencia:** Bajista.
- **Fiabilidad:** Media - Alt

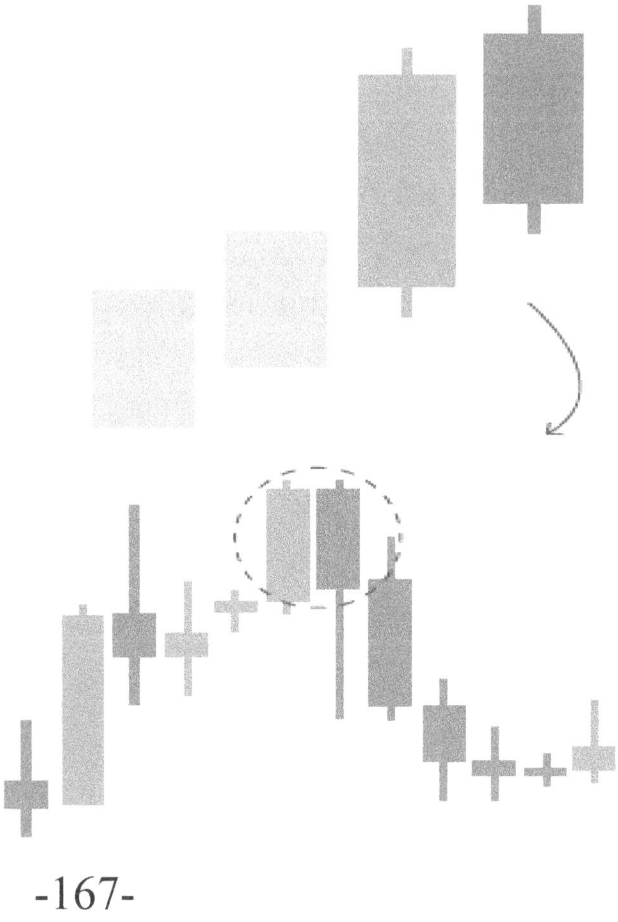

Pauta Penetrante: La Pauta Penetrante (Piercing Pattern) es un patrón de reversión alcista que ocurre en una tendencia bajista. Está compuesto por dos velas: la primera es una vela bajista con un cuerpo largo, seguida de una vela alcista que abre por debajo del cierre de la vela bajista y cierra por encima de la mitad del cuerpo de la vela bajista.

Este patrón indica que, aunque los vendedores dominaron al principio, los compradores lograron ganar terreno durante la segunda vela, sugiriendo que la presión vendedora está disminuyendo. La Pauta Penetrante es una señal de que una posible reversión alcista podría estar en camino, y se considera más confiable si se confirma con un seguimiento alcista en las siguientes velas.

- **Patrón:** De cambio.
- **Tendencia:** Alcista.
- **Fiabilidad:** Media - Alta.

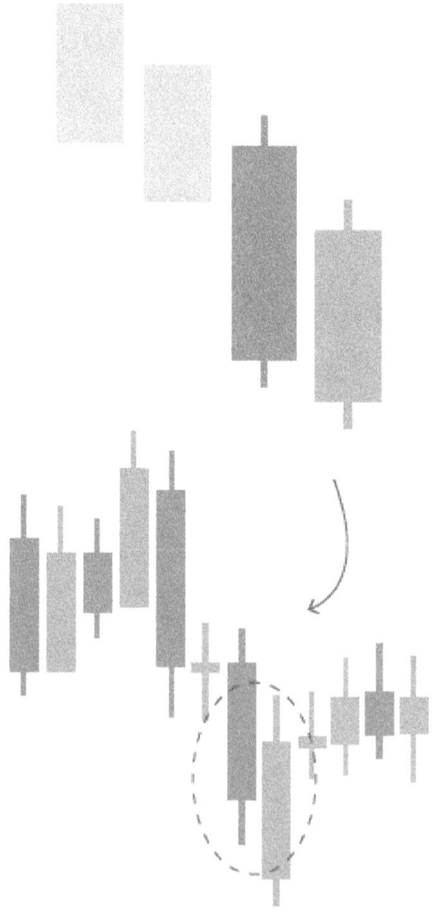

Harami Alcista: El Harami Alcista es un patrón de reversión que ocurre en una tendencia bajista. Se compone de dos velas: la primera es una vela bajista (con cuerpo largo) seguida de una vela alcista más pequeña, cuyo cuerpo está contenido dentro del cuerpo de la vela anterior.

El término Harami proviene de la palabra japonesa que significa "embarazo", ya que la segunda vela está "dentro" de la primera. Este patrón sugiere que los vendedores pierden fuerza y los compradores podrían estar comenzando a tomar el control, lo que podría llevar a una reversión hacia una tendencia alcista. La Harami Alcista es más confiable cuando es seguida por una vela alcista que confirme el cambio de dirección.

- **Patrón:** De cambio.
- **Tendencia:** Alcista.
- **Fiabilidad:** Baja.

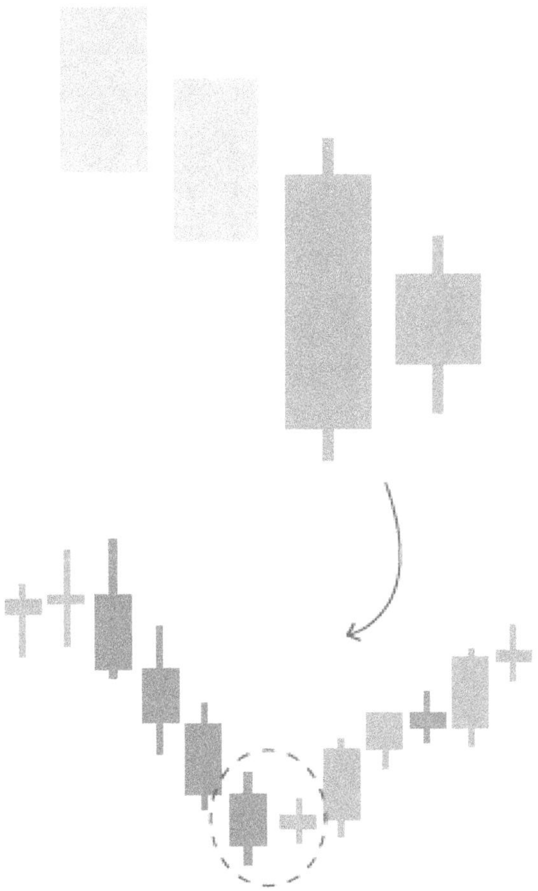

Harami Bajista: El Harami Bajista es un patrón de reversión que ocurre en una tendencia alcista. Consiste en dos velas: la primera es una vela alcista de cuerpo largo, seguida de una vela bajista más pequeña cuyo cuerpo se encuentra completamente dentro del cuerpo de la vela anterior.

Este patrón indica que, a pesar de que los compradores dominaron en la vela anterior, los vendedores están comenzando a ganar control. La Harami Bajista sugiere que la presión compradora podría estar disminuyendo, y existe la posibilidad de una reversión hacia una tendencia bajista. Para mayor confirmación, es recomendable esperar una vela bajista en el siguiente período.

- **Patrón:** De cambio.
- **Tendencia:** Bajista.
- **Fiabilidad:** Baja.

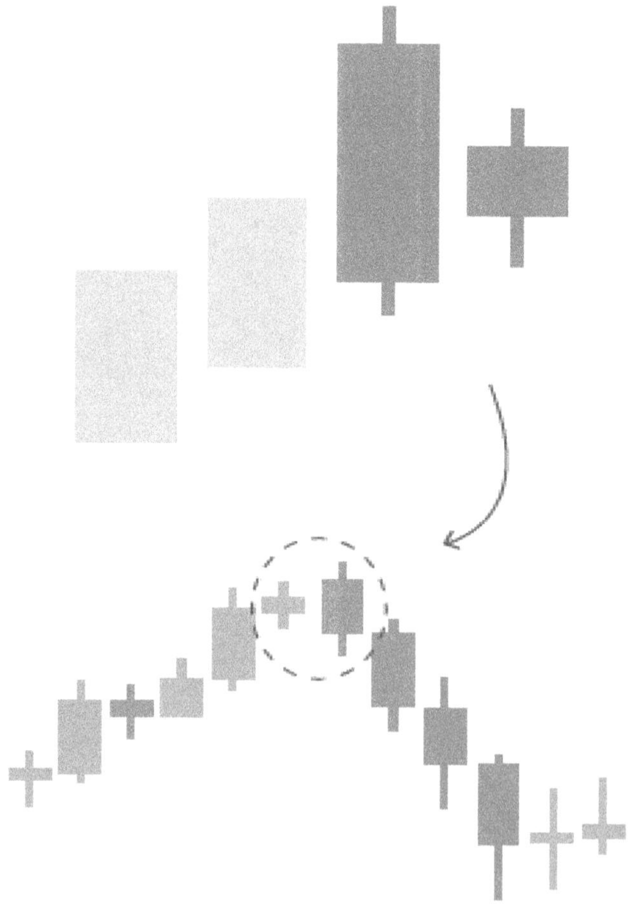

Estrella de la Mañana: La Estrella de la Mañana (Morning Star) es un patrón de reversión alcista que aparece en una tendencia bajista. Está compuesto por tres velas:

Primera vela: una vela bajista de cuerpo largo, que refleja la continuación de la tendencia bajista.

Segunda vela: una vela pequeña, que puede ser alcista o bajista, que indica indecisión en el mercado. Esta vela se encuentra dentro del rango de la vela anterior.

Tercera vela: una vela alcista de cuerpo largo, que cierra significativamente por encima de la mitad del cuerpo de la vela bajista inicial.

- **Patrón:** De cambio.
- **Tendencia:** Alcista.
- **Fiabilidad:** Alta.

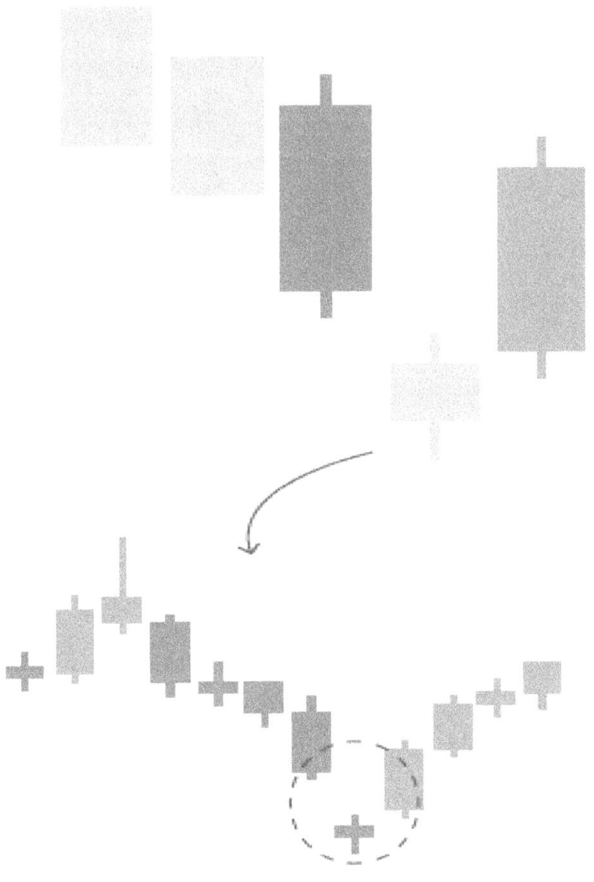

Las velas japonesas que te he mencionado son algunas de las más comunes y vistas dentro de un gráfico de trading. Aunque existen muchos otros patrones de velas, estos son los más fundamentales para comenzar a analizar el comportamiento del mercado. Con estas velas, podrás obtener una base sólida para entender los movimientos de precios y detectar posibles señales de reversión o continuación de tendencias. A medida que vayas adquiriendo más experiencia, podrás explorar patrones más complejos, pero con estos primeros pasos, estarás listo para iniciarte en el análisis técnico.

Capítulo 9: Plan de Trading para principiantes

Definir el Objetivo del Trading

Antes de empezar, establece un objetivo claro:

- ¿Quieres generar ingresos extra o vivir del trading?
- ¿Cuánto tiempo dedicarás al trading?
- ¿Cuál es tu tolerancia al riesgo?

Elegir el Mercado

Escoge el mercado en el que operarás:

- Forex (divisas)
- Acciones
- Criptomonedas
- Futuros o commodities
- Para principiantes, Forex y acciones suelen ser las opciones más accesibles.

Capital Inicial y Gestión del Riesgo

- Define cuánto capital estás dispuesto a invertir (por ejemplo, entre $500 y $1000).
- No arriesgues más del 1-2% de tu capital por operación.
- Usa un stop loss para limitar pérdidas.

Estrategia de Trading

Elige una estrategia adecuada para tu estilo:

- **Scalping:** Operaciones rápidas en minutos.
- **Day Trading:** Apertura y cierre de operaciones en el mismo día.
- **Swing Trading:** Mantener operaciones abiertas por días o semanas.

Ejemplo de Estrategia (Breakout Trading)
Identifica niveles clave de soporte y resistencia.
Espera un rompimiento con volumen.
Entra en la operación con confirmación de velas.
Coloca un stop loss debajo del nivel roto.

Análisis del Mercado

Aprende y aplica estos métodos:

Análisis Técnico: Uso de gráficos y patrones, indicadores como RSI, MACD y medias móviles.
Análisis Fundamental: Evaluación de noticias económicas y resultados financieros de empresas.

Psicología del Trading

- Controla las emociones: la paciencia y la disciplina son clave.
- Evita el overtrading o la persecución de pérdidas.
- Lleva un diario de operaciones para aprender de tus errores.

Uso de una Cuenta Demo

Practica en una cuenta demo antes de usar dinero real. Evalúa tu desempeño después de uno a tres meses.

Evaluación y Mejora

- Revisa semanalmente tu rendimiento.
- Ajusta tu estrategia si es necesario.
- Sigue aprendiendo y mejorando tus habilidades.

Conclusión

El trading es un camino de aprendizaje continuo, donde la disciplina, la gestión del riesgo y la paciencia son claves para el éxito. A lo largo de este libro, has adquirido los conocimientos fundamentales para dar tus primeros pasos en los mercados financieros, comprendiendo conceptos como análisis técnico, gestión de capital y estrategias operativas.

Sin embargo, el conocimiento por sí solo no es suficiente. La práctica constante, el análisis de tus operaciones y la capacidad de controlar tus emociones marcarán la diferencia entre un trader aficionado y uno consistente. Recuerda que las pérdidas forman parte del proceso, pero lo importante es aprender de ellas y ajustar tu estrategia con cada experiencia.

El trading no es una carrera de velocidad, sino de resistencia. No te dejes llevar por promesas de dinero fácil ni por la impaciencia. Construye tu propio sistema de inversión, sigue mejorando cada día y mantén siempre una mentalidad de aprendizaje.

Ahora, tienes las herramientas necesarias para comenzar. ¿El siguiente paso? Aplicar lo aprendido, operar con responsabilidad y continuar tu desarrollo como trader. ¡El éxito dependerá de tu compromiso y disciplina en este emocionante mundo del trading!

www.ingramcontent.com/pod-product-compliance
Lightning Source LLC
LaVergne TN
LVHW082230051026
849532LV00012B/3933
* 9 7 8 2 8 0 3 6 8 4 9 6 0 *